# 돋보기 기도
## 하나님 정말 계신가요

정석우 지음

도서출판 책과사람

# 프롤로그

첫 번째 책이었던 골방기도를 쓴 지 20년이 지났습니다. 그리고 교회를 개척하고 20년이 지났습니다. 2002년 월드컵 축구를 보며 응원했던 때가 엊그제 같은데 이제 2020년을 보내고 있습니다. 30대 초반에 개척을 하여 이제 50대 중반이 되어가는군요.

이 책을 쓴 목적은 두 가지입니다. 첫 번째는 기록해 놓지 않으면 하나님이 하신 많은 부분을 잊게 될 것 같아서입니다. 두 번째는 마음먹고 전도를 하려 하는데 말로 다 하기엔 서로 힘들 때가 많았습니다. 그래서 예비신자와 좋은 관계를 맺은 다음 이 책을 권하여 부디 예수님 믿어 생명책에 기록되기를 원하는 두 번째 목적입니다.

이 책의 제목은 "돋보기 기도" 입니다. 하나님의 살아계심을 예수님의 이름으로 받는 기도 응답으로 증거함으로 많은 분들의 맘을 여는 데 도움이 될 것입니다. 돋보기 기도는 단 한 문장으로는 야고보서 5:16, "의인의 간구는 역사하는 힘이 많으니라"입니다. 즉 한 가지의 제목으로 20분간 돋보기로 먹지를 태우듯 초점을 맞추고 집중하는 기도를 말합니다. 그리하여 연기가 나고 불이 날 때까지 기도하는 것입니다.

기억나시죠? 초등학교 시절 돋보기로 먹지를 태우던 그 기억을. 이렇게 집중하여 기도할 때 간구기도의 엄청난 힘을 경험하고 또한 기도의 열매들을 맺게 됩니다.

**The earnest prayer of a righteous person has a great power and wonderful results. James 5:16**

너무나 귀한 기도 응답의 간증들을 잊고 싶지 않아서 또한 하나님을 믿고 싶지만 믿어지지 않고 마음이 열리지 않는 예비신자들을 위한 전도책자로, 부족하지만 이 책을 펴냅니다. 짧지만 마음이 열리고 마음이 뜨거워지게 하는 기도책자 그리고 전도책자로 귀하게 쓰임받길 소원합니다. 신자에게는 기도의 능력을, 예비신자에게는 주님의 사랑의 노크 소리가 되길 기도해봅니다.

 이미 예수님을 믿고 계신 분들에게는 "와 역시 하나님은 살아계셔"라는 믿음의 에너지를 더하고, 예비신자에게는 "와 정말 살아계신 것 같네. 그럼 예수님의 십자가의 구원과 부활 그리고 천국과 지옥도 사실이겠네"라고 하며 마음이 열려 구원의 길로 향하게 하는 책이 되길 바랍니다.

 어릴 적 신문은 안 봐도 4-5칸짜리 만화는 봤던 기억이 납니다. 이 책은 복잡하고 어려운 이론이 아닌 실제로 경험한 귀한 말씀들입니다. 바라건대 영혼의 양식이 되기를 축복합니다.

# 목 차

프롤로그     3
추천사     10
인터뷰 : 정석우 목사     18

## 돋보기 기도     27

돋보기 기도의 시작     28
집사님 지금 먹여봐요. 지금     33
최근 간증 하나 올립니다. 형 가슴이 시원해!     35
하나님은 루프스도 가능하십니다     38
목사님 이건 하나님도 안 되시겠죠?     41
2016년 5월
  - 13시간의 돋보기 기도가 나를 살리다!     43
영어가 그냥 들려요     46
목사님 저도 해냈어요!
  - 필리핀 목사님들에게 돋보기 기도를 강의하다     48
고넬료의 집과 같이 되리라     50
새벽의 한나 집사님들 6명 모두 임신하다     53

| | |
|---|---|
| 돋보기 기도를 사용하다 – 목포, 울산 | 55 |
| 경매로 넘어갔던 교회 반쪽의 회복 | 57 |
| 집사님 이리 빨리 와봐요 | 61 |
| 대침보다 돋보기 기도가 낫다<br>  - 허리 디스크를 고치다 | 63 |
| 모든 것이 회복된다 | 66 |
| 하나님이 주신 낚싯대 | 68 |
| 우울증으로 자살을 시도하던 청년과 집이 구원받다 | 71 |
| 이 방법 외에 다른 방법이 있었다면<br>  - 십자가와 피 흘림 | 73 |
| 철이 아빠 구원받고 특허 내다 | 76 |
| 아킬레스 무통의 기적 | 79 |
| 무균실에서 나오다 | 82 |
| 111만 원의 기적 | 83 |
| 3,500만 원의 기적 | 87 |
| 250만 원의 기적 | 89 |
| 친구의 구원 | 91 |

| | |
|---|---|
| 울산백합교회 권 권사님 돋보기 기도 체험하다 | 93 |
| 어머니의 불면증을 돋보기 기도로 고치게 하시다 | 96 |
| 두 명의 혈액암이 사라지다. | 101 |

## 나를 살린 하나님의 말씀들    105

| | |
|---|---|
| 사람이 감당할 시험밖에는 | 106 |
| 사랑은 오래 참고 | 109 |
| 하나님께 불가능은 없습니다 | 112 |
| 주여 선교할 물질이 없습니다! | 114 |
| 분을 그치고 노름 버리라 | 116 |
| 주님은 나의 요새이십니다 | 119 |
| 사랑이 없으면 | 122 |
| 때가 이르면 거두리라 | 125 |
| 돋보기 기도 | 127 |
| 하나님의 이름을 경외하는 자에게 | 130 |
| 마음을 다하여 그리고 범사에 하나님을 인정하라 | 132 |

| | |
|---|---|
| 예수님의 갈라쇼 | 134 |
| 너를 위하여 준비된 자리니 어서 가라 | 137 |
| 포도나무와 가지 | 139 |
| 질그릇 속의 보배 | 141 |
| 너의 평생에 | 143 |
| 성령을 구한 말씀 | 147 |
| 귀히쓰는 그릇 - 악에서 떠나는 방법 | 149 |
| 네버 페이 백 | 152 |
| 너희에게 평화가 있으라 | 154 |
| 내가 너희를 사랑한 것 같이 | 157 |

# 추천사

 정석우 목사님은 그의 영혼에 말씀이 가득하고 성령님과의 인격적인 교제가 이루어진 목회자입니다. 어려운 목회 환경과 여건 가운데서도 묵묵히 자신의 사명을 감당하며 주님과 동행하시는 분 입니다.

 이번에 그의 저서" 돋보기 기도" 가 출간되어 기쁘기 그지없습니다.

 햇볕을 돋보기로 초점을 맞추면 불씨를 얻어 생존을 비롯 유익하게 사용할 수 있습니다.

 영적인 법칙 중에 집중의 원리가 있습니다 산발적인 행위 보다는 기도할 때 집중적으로 오직 한가지 제목에 집중하여 기도하면 효과적인 기도응답을 받을 수 있습니다

 이번에 내 놓은 "돋보기 기도"는 저자의 체험과 말씀을 바탕으로 실제 경험한 것들을 내용으로 하여

돋보기 기도의 실제적 방법을 제시하고 있습니다

 기도함으로 하나님을 만나고 하나님과의 교제가 이루어지고 기도의 응답 받기를 원하는 그리스도 인들에게 돋보기기도는 가뭄에 단비와 같은 생명수가 되리라 믿어 강력히 추천합니다.

- 제일영광교회 원로목사 김건환 -

 기도와 전도를 주제로 책을 쓴다는것은 흔하지가 않다. 이유는 두분야를 실제적으로 실천을 해야하기 때문이다. 그럼에도 정석우목사님에 의하여 이번에 또 하나의 기도와전도를 주제로 한 책이 세상에 빛을 보게 되었다.

 이 책이 귀하게 보이는 것은 그 사관이 실제적이고 한국교회가 당면한 여러 문제에 대한 답을 주는 귀한 모범 답안이 될 수 있다고 생각되기 때문이다.

 저자는 기도를 그 누구보다 강력하게 하시는 분이며 한 영혼을 사랑하시는 분이다. 그는 이를 위해 바른 길을 제시하고자 여러 방면으로 노력하고 있다. 교회 강단에서 세미나의 강연을 통하여 저자는 시원한 답을 주고 있다.

이번에 쉽고도 진지한 내용으로 독자들의 흥미를 놓치지 않으면서도 학술적인 품위를 잃지 않고 있는 책을 내게 된 것에 대해 감사하게 생각하며, 기도와 전도를 하기를 원하는분들에게 강력하게 추천하는 바이다.
- 자전거교회 채경묵 목사 -

 5년 전 처음 만났던 정석우목사님은 로뎀나무 아래서 죽여 달라고 기도하던 엘리야처럼 시련과 연단을 견디고 있었습니다.
 목회와 부흥사역은 종합선물세트와 같습니다.
 선물박스의 뚜껑을 열고 하나님께서 주신 뛰어난 말씀과 은사를 통하여 엘리야처럼 쓰임 받으실 것을 믿기에 이 책을 적극 추천하게 되어 기쁘게 생각합니다.
- 서울양문교회 신일수 목사 -

 제가 아는 정석우목사는 성령님께 사로잡혀 살지만 근엄하거나 경직되지 않고 유모어와 유연성을 갖춘 목사입니다. 그가 이번에 펴낸 책 "돋보기 기도"도 제목이 참 재미있습니다. 햇빛을 돋보기로 초점을 맞추어 검은 종이를 태우듯이 하나님의 능력의 빛을 내 삶의 문제에 초점을 맞추고 집중적으로 기도하며 직접 경험했던 응답의 열매들 하나하나를 통해 전도 대상자들에게 하나님의 살아계심과 역사하심을 돋보기로 더 크게 그리고 자세히 보여 주고자 하는 정목사님에게서 전도자 사도 바울의 구령의 열정을 보게 됩니다.
- 신일교회 백병돈 목사 -

 기도는 아무리 강조해도 모자람이 없는 말입니다. 믿는 사람이라면 누구든지 기도에 관한 고민을 해 보지 않은 사람들은 없을 것입니다. '어떻게 하면 기도를 잘할수 있을까? 어떻게 하면 잡념이 없이 집중하여 응답받는 기도를 할 수있을까?' 그래서 기도에 관해 방법을 찾기위해 서점에서 책을 구하지만 마땅히 도움되는 책들이 적은 것이 현실입니다. 이런 상황가운데 정석우 목사님의 목회경험을 바탕으로 쓰여진 '돋보기 기도'의 책은 뜨거운 여름날의 한줄기 소나기 처럼 기도에 목마른 많은 영혼들에게 새힘을 주는 단비가 되리라 생각합니다. 이 책을 통하여 많은 영혼들이 기도응답의 기쁨을 누리기를 바랍니다.

- 온땅밀알교회 홍영수목사 -

정석우 목사님과 교단은 다르지만 같은 지역에서 교회사역을 하면서 20년 동안 친분을 쌓아왔다. 하나님을 사랑하고, 교회를 사랑하고, 말씀을 사랑하는 공통분모가 있어서 누구보다도 자주 만나서 함께 목회를 나누고 서로 격려하는 관계였다.

 내가 아는 정석우 목사님은 정말 하나님을 사랑하고, 목회에 전념하는 분이다. 끊임없이 시도하고, 실패해서 낙심했다가 오뚜기처럼 또 다시 일어나서 무언가를 시도하는 하나님께 충성된 목사이기에 나는 그를 존경한다. 무엇보다 그는 기도하는 사람이다. 기도에 대해서 아는 사람이 아니라 기도를 아는 사람이고, 기도 하는 사람이다.

 정목사님과 20년 동안 교제하면서 들었던 수많은 기도의 간증들 중에 몇 편을 이 책에 실었다. 이 기도의 사례는 기도 예화집에 나오는 몇 십 년, 몇 백년 전의 간증들이 아니라 20년 목회의 현장에서 정말 그가 겟세마네 동산에서 피눈물을 흘리며 기도하셨던 예수님처럼, 얍복강 앞에서 환도뼈가 부러지면서까지 천사와 씨름했던 야곱처럼 온몸으로 몸부림치며 하나님과 씨름하여 얻은 눈물의 결실들이다.

이 책을 통해서 지금도 살아서 역사하시는 하나님을 경험하고, 그 하나님을 정목사님 처럼 경험하는 여러분들이 되시기를 바란다.

- 낙원교회 신수일 목사 -

저자는 20년 전 신학교에서 만난 후 같은 길을 걸어온 신앙의 동지이자 형제입니다. 이미 출간 된 골방기도를 통해 다니엘 같이 기도의 자리를 무릎으로 지켜온 기도의 사람입니다.

신학교 시절 자신의 협심증을 기도 중 치유 받았기에 그는 몸이 아픈 동기들이 보이면 믿음으로 안수 기도를 해주는 신유의 능력을 덧잎은 학생이었습니다. 이 책이 세상에 나오게 되면 사람들이 하나님의 능력을 집중해서 보게 될 것이라고 믿습니다. 분주한 세상, 코로나로 인하여 모이지 못하는 이 때에 이 책을 일독하시면 하나님의 일하심이 독자들의 일상가운데서도 나타나리라 확신합니다.

- 강남교회 조광진목사

기도는 실로 성도의 큰 특권입니다.

 기도의 사람 정 다니엘 목사님의 '돋보기 기도'를 읽으면서 두가지 면에서 감탄을 금할 수 없었는데 먼저는 놀랍고 은혜로운 기도응답에 대한 간증 때문이었고 다음으로 '돋보기 기도'가 성경이 가르치는 기도의 핵심 내용이였다는 것이었습니다. 성경이 가르치고 있는 기도는 '믿음의 기도'와 간절한 기도인데 돋보기 기도의 원리가 그것을 잘 설명해 주고 있습니다. 오늘날 모든 그리스도인은 기도를 합니다.

 그러나 정작 기도응답에 대한 믿음이 부족하고 간절함이 부족한 것을 많이 봅니다. 다시 한번 기도응답에 대한 믿음과 열정을 회복하기를 원하시는 분들은 이 책을 꼭 읽어 보라고 권하고 싶습니다.

 저는 이 책이 목회자들 뿐만 아니라 모든 성도들의 필독서가 되기를 바라며 '돋보기 기도'를 통해 놀라운 기도의 응답과 기적을 경험하게 되시기를 기도드립니다.

- 충일교회 김낙문 목사 -

# 인터뷰 : 정석우 목사

 임진각으로 향하는 자유로를 달리다 문발IC로 빠져나가면 출판 단지를 지나 교하 지구가 나온다. 교하지구 8단지 상가의 3층에 자그마한 교회가 하나가 있는데 성결교단인 <생명샘교회>다. 코로나로 어수선한 시기라서 방문하기에는 미안함 마음도 없지 않았지만 코로나가 안정되기까지 무작정 기다리기도 마음이 그리 한가하지 못했다.

 생명샘교회를 목회하고 있는 정석우 담임 목사와의 인터뷰가 목적이었기에 마스크로 단단히 무장을 한 후 실례를 무릅쓰고 교하로 향했다.

 예상대로 교회는 코로나 덕분인지 작은 교회임에도 자리가 듬성듬성했다.

찬양팀의 인도로 20분 정도의 찬양 시간에 이어 예배가 진행되었다. 이날 설교 제목은 "발효된 말씀이 생명을 살린다"(시편 119편 164-165절) 였다.

'하나님의 말씀은 한번 듣는 것으로 끝나지 말고 발효되어야 합니다. 발효된 말씀이 생명을 살리고 나를 변화시킬 수 있습니다'

설교자는 정석우 목사. 생명샘교회의 담임목사다. 교인들과 함께 간단한 점심 식사를 마친 후 자신이 늘 생각하는 것은 '하나님의 말씀과 전도'라는 정 목사와 짧은 인터뷰를 가졌다.

## 어떻게 설교자가 되었나?

 어린 시절부터 교회는 다녔지만 1987년 대학(성균관대 독문과)을 진학할 때 즈음에 신앙을 포기하려 했습니다.교회는 출석했지만 나의 하나님은 만나지 못했기에 이제 다녀 주는 것을 그만하려 했습니다.영혼의 거듭남이 없었기에 신앙생활을 즐길 수 없었기 때문입니다.

 그러던 중에 먼저 대학에 들어간 친누님의 권유로 성대기독학생회의 예배에 참석하게 되고 그 예배에서 하나님을 감동적으로 만나고 지금까지 30년이상 기도생활을 하게 되었습니다.기독학생회에서 임원을 하게 되었는데 89년 전도집회를 성균관대학 명륜캠퍼스에서 선교단체들(예수전도단,CCC)과 함께 열었고 그 때 영혼들이 구령되는 것을 보며 설교자가 되기로 마음먹었던 것 같습니다.

**대학 졸업 후 바로 신대원에 진학한 것은 아닐텐데요.**

대학을 졸업하고 대학원을 진학하여 다니다가 군대를 다녀왔습니다. 그리고 제대후 아내와 함께 1994년 하와이에 있는 예수전도단 열방대학에서 D.T.S(Disciple Trainning School)을 수료하였습니다. 내적 치유와 하나님의 음성듣기 강의가 큰 도움이 되었습니다. 한국에 와서 잠시 수능강사도 하였고 주님의 부르심이 있어서 제일영광교회의 교육전도사로 5년간 봉사하였습니다.


**생명샘교회를 개척하신 걸로 알고 있는데 교회 역사를 짧게 설명해 주시지요.**

교육전도사를 하며 신학대학원에서 공부하고 있었는데 하나님의 개척으로의 부르심이 너무나 강력했습니다. 그 당시 협심증으로 너무나 고생중이었기에 신학교 다니면서 그 흔한 족구한번 하지 못했습니다.수업중에 어지러워 쉬어야 할 정도였습니다.그런 상태에서도 하나님의 부르심은 너무나 강하여 기도중 "너의 평생에 너를 능히 당할 자 없으리니 이는 내가 모세와 함께 있었던 것 같이 너와 함께 있을 것임이라 내가 너를 떠나지 않겠고 너를 버리지 아니하리라 여호수아1:5"말씀으로 오열하게 하시며 부르셨습니다.그리고 2001년 10월 개척하고 20년이 지났습니다.


**20년에 이르는 목회에서 힘들었던 점과 특별히 기억에 남는 일이 있다면?**

 책의 내용에도 나오지만 15년째 목회를 하던 중 수많은 기적과 수많은 실망을 겪으며 몸과 맘이 완전히 탈진되어 있었습니다.더 이상은 내적고통과 그 내적고통을 이기고 잊어보려고 했던 운동으로 인해 생긴 무릎의 통증은 견딜 수 있는 고통이 아니었습니다. 하나님 살려달라고 새벽에 설교 안하고 1시간씩 2주간 기도하였는데 13일 째 되는 날 마음의 고통과 무릎의 통증이 한번에 치료받게 되었습니다. 그 때부터 올린 유투브 설교가 200개가 되었습니다. 영상편집전문가가 된 딸이 많은 수고를 하였습니다.


**앞으로의 사역에 대한 기대와 소망있다면?**

 하나님의 관심이 예수 그리스도를 통한 한 영혼의 구원이기에 당연히 저의 관심도 천하보다 귀한 한 영혼을 주님께로 인도하는 것입니다.최근에 3년동안 한 영혼을 전도하다가 실패?하고 크게 화가 난 일이 있었습니다.한 영혼 주님께 인도하는 것이 얼마나 어려운일인지요.그러나 이 책을 통해 좀 더 효과적으로 지금도 살아계신 하나님과 구원의 주 예수님을 예비신자들에게 전하고 마음을 열게 한다면 전도활동이 더 효율적이 될 거라 믿습니다.

 저는 기성부흥사회에서 활동하고 있습니다.저는 이 책을 통해 믿는 분들에게는 돋보기 기도 즉 집중기도를 통한 기적을 경험케 하고 예비신자분들에게는 하나님의 살아계심을 알게하고 예수님의 십자가의 보혈로 죄사함 받는 일들이 퍼져나가길 기대하고 기도하고 있습니다.눈에 보이지 않는 하나님을 경험의 간증들로 마음을 열게 하고 하나님의 목적이 그리스도의 십자가를 통한 구원과 영생이라는 것을 알게 하고 싶습니다.

 또한 저의 은사인 운동(배드민턴)으로 접촉점을 삼기위해 배드민턴교회로의 전환을 기도중에 있습니다.필립핀에 선교를 갔다가 평일에는 배드민턴 장으로 주일과 예배에는 예배당으로 활동하는 교회를 방문한적이 있습니다.하나님의 관심인 한 영혼과의 교제와 접촉점을 위해 높이가 있는 배드민턴 교회의 부지와 건축을 위해 기도중에 있습니다.나머지 삶을 구령하는데 투자하길 원하고 바라고 기도합니다.

# 돋보기 기도

# 돋보기 기도의 시작

지어진 교회로 출발했지만 신도시 개발지역으로 수용되는 바람에 어쩔 수 없이 개척 4년 만에 가까운 상가로 옮겨 2차 개척을 시작했습니다. 이전 교회에서 같이 온 교인은 어른 1명과 아이 1명 나머지는 뿔뿔이 흩어졌습니다.

마음에 상처와 어두움과 시험이 들었었지만 말씀으로 치료하셔서 (**"사람이 감당할 시험 밖에는 너희에게 당한것이 없나니" 고전10:13**) 다시 열심히 새벽기도회와 수요기도회를 인도하였습니다.

그런데 바로 그 당시에 한 신혼부부 가정이 수요예배만 와서 함께 예배를 드리곤 했습니다. 다른 교회를 섬기는 젊은 부부였는데 수요예배는 우리 교회를 나오던 중이었습니다. 그 당시 나눠주었던 설교 CD를 듣고 교회에 나온 것이었습니다. 아마도 주보에 있던 전화번호를 알고 있었는지 하루는 문자가 왔습니다.

그 새댁은 "우리 사랑이가 작은 병원에서 큰 병원으로 옮기라는 의사의 진단을 받았습니다."며 기도를 부탁했습니다. 그 당시 속 좁은 젊은 목사였기에 타 교인이 어려운 기도 부탁을 하는 것이 크게 반갑지는 않았습니다. 참 부족한 인격이었지요. 그러나 다음 날 새벽 "하나님, 비록 우리 교인은 아니지만 기도 부탁까지 받았는데, 게다가 어린아이인데 제가 기도해야겠지요."

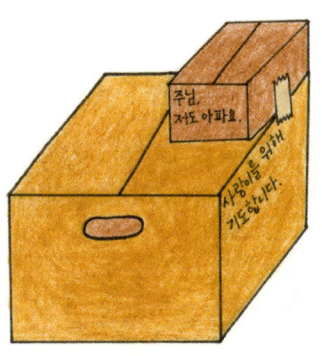

그렇게 말씀드리고 나서 시계를 보았습니다. 벽에 달린 크고 동그란 시침과 분침이 있었던 시계가 5시 40분쯤이었던 것 같습니다. 저는 하나님께 이렇게 말씀드렸습니다. "주님 아무래도 큰 병인 것 같은데 20분간 그것만 위해 기도하겠습니다."

그런데 그 당시의 저의 몸 상태 역시 정상이 아니었습니다. 파주의 추운 겨울 1월에 전도하러 다니니 몸이 얼었다가 녹았다 반복했습니다. 마치 냉장고 안에서 얼렸다 녹였다 반복한 맛없는 아이스크림 같았습니다. 새벽기도 때마다 콧물이 하염없이 떨어지는 만성몸살 상태였습니다.

정말 괴로운 몸 상태였기에 주님께 부탁했습니다. "주님 저도 아파요. 20분간 사랑이를 위해 기도는 하는데, 제 몸도 첨부파일로 묶어 보냅니다." 그리고 20분간 기도를 시작했습니다. 5분이 지나고 다시 10분 15분이 지나고 17분쯤이었습니다. 강대상 위에서 한 말씀이 강력하게 위에서부터 내려오는 듯했습니다. 그리고 그 말씀은 구름처럼 내려와 내 몸을 싹 훑고 내려갔습니다.

**"내 이름을 경외하는 너희에게는 의로운 해가 떠올라 치료하는 광선을 발하리니"(말 4:2)**

이 말씀을 예배를 준비할 때마다 기도의 연료 같은 말씀으로 쓰고 있다. 그 작은 구름같이 느껴지는 것이 내 머리 위에서 발끝까지 스캔하며 수년간 달고 산 몸살기를 치료하였습니다.

 나의 병은 첨부파일처럼 사랑이를 위한 기도에 묶어서 올린 것인데 내가 나았다면 이 아이도 당연히 치료하셨겠구나 하는 믿음이 생겼습니다. 역시나 하나님은 사랑이와 저를 같이 고치셨더군요. 이런 예들은 그 후에도 계속되어 반복되었기에 첨부파일기도도 꽤 확신이 있게 되었습니다.

 다음 날 수요예배에 사랑이가 유아실에서 껑충껑충 뛰며 놀더군요. 사랑이의 병과 저의 병을 하나님은 함께 고치신 것이었습니다. 첨부파일이 도착했다면 주메일은 당연히 도착한 것이었습니다.

 그 후로 저는 중요한 기도제목은 20분을 기본단위 1회라고 보고 기도하는 습관을 갖게 되었습니다. 이것이 바로 돋보기 기도의 시작이었습니다.

 그 후 그 청년 부부는 같이 전도하고 봉사하는 팀이 되었고 잠시 부흥회를 다녀오자 교회의 모든 강대상과 의자를 가장 좋은 것으로 바꾸어 놓을 정도로 열심 있는 분들이 되었습니다.

> "내 이름을 경외하는 너희에게는 의로운 해가 떠올라 치료하는 광선을 발하리니 너희가 외양간에서 나온 송아지 같이 뛰리라"(말 4:2)

'경외한다'라는 말의 의미는 크고 높으신 분에 대한 좋은 두려움과 떨림을 말합니다. 그렇다면 정말 경외한다면 그리고 그분이 가장 높고 강하신 분이시라는 것을 믿는다면 잠깐 살짝 기도하는 것이 아니라 진득하게 힘 있게 간구해야 할 것입니다. 널뛰기 기억나시죠? 상대방이 높이 떠오르는 방법은 내가 힘 있게 디디는 것이겠지요?

설실하게 무게감을 가지고 간절하게 확실하게 경외하며 기도한다면 의로운 해가 떠오를 것이고 떠올랐다면 그 해는 비출 것이고 비추었다면 치료가 일어날 것입니다.

## 집사님 지금 먹여봐요. 지금

 앞 이야기와 같은 일들이 꽤 일어났습니다. 교회에 잠깐 수학교실이 생겨 그 기도를 해 드리려고 교회에 와서 착석하고 기도 자세를 잡고 있는데 정 집사님에게서 전화가 왔습니다. 평소 꽤 강건한 성품인 여 집사님인데, 울먹이며 기도를 부탁해왔습니다. 첫째 딸 하울이가 입과 목구멍에 세균으로 3일째 물도 못 먹는다는 것이었습니다. 구내염! 사랑하는 자녀가 물 한 모금 넘기기 힘들다니 이곳저곳 병원을 다니다가 전화를 한 것이었습니다.

 아이고 수학교실보다 이 기도부터 해야겠다는 급박한 마음이 들었습니다. 마침 운동하다 오른쪽 손목이 올라가지 않을 정도로 다친 상황이었습니다. 1번의 간증과 같이 "하나님 하울이가 아프답니다. 제 손목과 함께 고쳐주세요." 그리고 기도하는데 18분 정도 지났을 때 손목에 힘이 들어왔습니다. 20분을 잘 채우고 바로 전화했습니다. "빨리 먹여봐요. 나았을 거예요." 정 집사님은 우유를 먹였다고 했고, 검사해보니 목에 난 상처와 구멍들이 다 없어져버렸다고 하였습니다. 살아계신 하나님은 우리의 간구에 생생하게 응답하시는 분이십니다. 의인의 간구는 적어도 20분이며, 역사하는 힘은 놀랍다는 것을 다시 한 번 확인했고 주 제목과 함께 첨부파일도 여전히 유효했습니다.

정말 간절한 기도는 너무 짧을 수는 없을 것입니다. 다시 말씀드리지만 돋보기는 초점을 맞추고 탈 때까지 집중하는 것입니다. 짧은 기도는 약하고 불안하고 가끔은 도리어 해로울 수도 있습니다. '분명 집중했는데 왜 안 타지?'라고 생각하지 마십시오. 비추자마자 타는 먹지는 없기 때문입니다. 초점을 맞추고 탈 때까지 기다려야 하는 것입니다.^^

# 최근 간증 하나 올립니다. 형 가슴이 시원해!

"예수 그리스도는 어제나 오늘이나 영원토록 동일하시니라"(히 13:8)

주일설교 준비를 하던 중 금요일 오후에 30년지기 후배에게서 카톡이 왔습니다. 협심증으로 진단받아 약을 먹고 있다면서 기도해 달라는 것이었습니다. 그래서 다음날 아침 20분을 나의 손목의 부상과 함께 집중하여 간절히 기도하던 중, 18분 정도 되었을 때 나의 손목이 현저하게 치료되는 것을 느꼈습니다. 동생의 병과 나의 손목을 함께 묶어 기도드렸기에 후배의 병도 나은 것을 직감했습니다. 지난번에도 이런 일들이 있었기에. 나는 흥분되어 전화하였습니다. "나았으니 병원 안 가도 된다. 기도 3번만 20분짜리 해라. 나도 3번 더 할 테니." 그런데 후배가 먼저 말했습니다. "형, 가슴이 시원하고 많이 나은 것 같아. 신기해." 동생은 감사헌금도 정성껏 보내왔고 나는 기쁨이 너무나 충만했습니다. 나의 손목까지 같이 나아버렸으니.

사실 나 역시 오른쪽 손목이 안 좋아서 내가 좋아하는 운동을 할 수가 없어서 1달 정도 고생하던 중이었습니다. 나은 날이 토요일이었는데 너무 기뻐 설교 준비 마치고 운동을 하러 갔습니다. 그리고 쉬고 있는데 성령의 감동으로 히브리서 13:8, "예수 그리스도는 어제나 오늘이나 영원토록 동일하시니라"는 말씀이 선명하게 마음에 각인이 되었습니다.

 와우! 예수님은 지금도 여전히 살아 역사하시는 분이시라는 것이지요. 할렐루야. 그렇게 며칠을 그 사건으로 기뻐하고 있다가 이제 우리 교회와 나를 위해 간절히 집중해서 기도해야겠다는 생각으로 40분짜리 기도를 드리고 있었습니다. 우리 교회를 실려주시고 나를 고쳐달라고!

 그때 기도 속에서 30분 경과되었을 때 또 하나의 레마의 말씀이 들려왔습니다. 이런 것들로 즉 귀신이 복종하고 병이 낫는 것 또는 교회의 부흥 여부나 외부환경에 기뻐하지 말고 너의 이름이 하늘에 기록된 것으로 기뻐하라는 것이었습니다(눅 10:20).

 이 말씀에 감격하고 또 감격하고 울며 울며 25분 이

후로 40분까지 마치 비행기가 이륙한 것 같은 감격하는 기도를 하게 되었습니다. 아! 나는 누구인가? 생명책에 이름이 기록된 자구나. 예수님의 십자가 공로로.

 이 글 쓰는 동안 톡이 왔습니다. "형! 맥박도 거의 정상으로 돌아왔고 심장의 두근거림도 많이 좋아졌어. 그런데 아직도 체온 조절이 약간 안 되는 것 같아. 37.2도 37.3도까지 올라가기도 해. 2020년 3월 31일 오후 6:08"

 나머지는 규칙적인 운동을 장착시키시려는 주님의 뜻으로 알라 했고, 내일부터 운동하기로 하였습니다. 살아계신 주님을 찬양합니다.

## 하나님은 루프스도 가능하십니다

 대예배를 드리며 내 눈을 의심했습니다. 워낙 작은 교회라 예배 참석자들이 눈에 다 들어오는데 교회에 불만이 있어 나갔던 한 부부가 예배를 드리고 있던 것이었습니다. 왜지? 뭐지? 개척교회에서 나가면 다시 돌아오는 경우가 거의 없는데, 내 눈이 잘못되었나? 아니나 다를까 그 주 수요예배에 이 부부가 와서 예배를 드린 뒤 상담하며 통곡을 하는 것이었습니다.

 교회를 나가고 얼마 후 초등학교 딸이 루프스에 걸렸다는 것입니다. 그래서 연세대 세브란스병원에서 진료를 받고 수십 알의 약을 매일 복용하며 학교도 못 가게 되었고 얼굴은 붓고 건강은 점점 악화되고 있었습니다. 현대 최첨단 의학으로도 불가능한 병이었기에 그 부부는 낙담과 절망 속에 교회를 다시 찾아왔던 것이었습니다.

 그러나 감사하게도 저는 이 상담을 대하기 몇 주 전 강력한 하나님의 말씀을 복용하고 있었습니다. 누가복음의 천사가 마리아에게 했던 말이었습니다.

**"대저 하나님의 모든 말씀은 능치 못하심이 없느니라."** Nothing is impossible with God!

말씀으로 믿음이 충만했던 저는 하나님께는 가능하다고 선포하였고 작정기도 즉 돋보기 기도를 서로 약속하였습니다. 목사는 작정기도 10시간 엄마 10시간 아빠 5시간!

*Nothing is impossible with God.*

그리고 다음날 루프스가 뭔지 검색해보고 난 크게 겁을 먹었습니다. 희귀병에 거의 불치병에 가까운 병이었기 때문이었습니다. 병명이 잘 외워지지 않아 우선 알프스로 외웠습니다. 보통 병이 아니었기에 정말 믿음으로 매일 부르짖었습니다. 현실적으로는 불가능하지만 하나님께는 가능하다고 믿고 또 믿으며 간구하였습니다.

2개월 안에 수십 알을 먹어야 했던 병세가 10알 안으로 그리고 마지막 2알 정도 먹으며 완전히 회복되었습니다. 지금도 모든 교우들이 기억하고 있는 대표적 기적이 되었습니다. 홈스쿨링을 해야 했던 그 아이는 다시 학교를 다니게 되었고 다시 정상적인 아이가 되었습니다. 하나님은 루프스도 가능하셨습니다. 의인의 간구는 역사하는 힘이 많았습니다. 아멘.

# 목사님 이건 하나님도 안 되시겠죠?

 새벽기도를 하루도 빼지 않고 나오던 김 권사님 아들이 자살을 시도했습니다. 너무나 많은 약을 먹어서 위세척까지 했지만 혼수상태가 되었고 응급실 한 구석에서 숨을 몰아쉬고 있었습니다. 너무나 어려운 시절을 살아온 권사님의 아들은 신앙이 없던 때라 생활고와 인생 비관으로 자살을 선택했던 것이었습니다. 어쨌든 일산 백병원으로 옮겨졌고 중환자실에서 의식불명 가운데 지속적으로 투석을 하는 상태가 되었습니다. 의사들도 그렇고 권사님도 아들의 소생을 확신하지 못하던 때에, 복도에서 권사님이 하신 말이 또렷이 기억이 납니다. "목사님, 이 상태는 하나님도 안 되시겠죠?"

 그 말을 들을 때에 권사님의 마음의 비통함과 두려움 그리고 어쩔 수 없이 믿음이 없어진 상태 등을 느낄 수 있었습니다. 그러나 나는 성도들에게 힘과 믿음을 나누어줄 수 있어야 하는 목사 아닌가라는 생각에, 모든 힘든 상황에도 불구하고 믿음으로 대답하였습니다. "권사님, 하나님께는 그래도 가능합니다."

그 말을 하고 교회로 돌아가 매일 간구하고 기도하였습니다. 또한 교회가 함께 기도하였습니다. 또 한 번의 기적이 일어났습니다. 깨어났을 뿐 아니라 자살 전보다 더 건강해진 것이었습니다. 믿음생활도 처음으로 진지하게 시작하였습니다. 혼수상태를 지속하던 그의 회복은 마치 성도의 부활을 보는 듯했을 정도였습니다. 아직도 응급실 벽쪽으로 걸어 들어갈 때 들리던 마지막 순간의 쌕쌕거리는 숨소리들이 기억날 정도니 말이지요.

복도에서 권사님께 드린 믿음의 말이 생각이 납니다.

"권사님, 그래도 하나님께는 가능합니다!"

# 2016년 5월 - 13시간의 돋보기 기도가 나를 살리다!

 2016년 약 15년의 개척목회 후에 나는, 너무 많이 맞아 로프에 기댄 채 다운 직전 상태까지 간, 지치고 상한 권투선수 같다고 할 수 있었습니다. 목회적인 상처와 마음의 통증이 2016년 5월경에 극에 달하였고 새벽설교를 할 수 없을 정도였습니다. 많은 기적으로 부흥되고 승리할 것 같은 분위기로 몸과 마음이 붕 떴다가, 그 후 예기치 않은 시험들로 다시 시멘트 바닥에 떨어져 부서진 것 같은 15년의 목회였습니다.

 몸과 마음이 다 상해버렸습니다. 한 10년은 좁은 교회 안에 있었습니다. 사람들과의 만남도 거의 하지 않았습니다. 사실 지금도 가족 외에는 오랜 시간을 다른 사람과 같이 있는 것이 쉽지 않습니다.

 목회적 스트레스를 풀기 위해 하는 운동이 과해서 무릎 통증을 얻었습니다. 잠을 못 잘 정도였습니다. 목회적 통증과 무릎 통증이 사람이 견딜 수 있는 고통이 아니었습니다. 내적인 아픔과 몸의 아픔 둘 다 무시

할 수 없는 엄청난 고통이요 통증이었습니다. 새벽설교를 할 수가 없어서 대신 기도만 매일 1시간씩, 마음의 통증과 무릎의 통증을 묶어서 집중기도 즉 돋보기 기도를 하였습니다. 마음의 상처에 무릎 부상을 첨부파일 하였습니다.

일주일 정도면 호전되고 나아서 간증을 할 줄 알았는데 1주일간 아무 일도 일어나지 않았습니다. 그래서 어쩔 수 없이 한 주를 연장하였습니다.

다음 주 1주일을 더 기도하는 중이었습니다. 1시간 기도 13일째인 토요일에도 호전되기는커녕 오히려 믿음이 완전히 바닥이 나버렸습니다. 믿음이 떨어졌을 때는 성경을 먹어야 했기에 가장 짧은 복음서인 마가복음을 펼쳤습니다. 그리고 절실하게 16장까지 읽어갔습니다. 16장을 읽어가며 두 말씀이 내 마음과 영혼에 훅 들어왔습니다.

귀신들린 아이의 아버지의 처절한 고백, "주여 나의 믿음 없는 것을 도우소서." 그리고 바디메오의 절실한 외침, "주여 나를 불쌍히 여기소서."

그들의 외침이 나의 영혼의 밥이 되었고 약이 되었습

니다. 그 말씀들이 마음에 들어오는 바로 그 순간 15년 간 받은 마음의 상처가 치유되고 무릎 통증까지 나아버렸습니다. 시꺼멓던 얼굴과 마음이 나사로처럼 다시 살아나게 되었습니다.

 지금 누군가 나에게 몇 년 목회했냐고 물으면 15년을 빼고 이야기합니다. 5년 되었다고. 부활이요 생명인 예수님이 나사로처럼 나를 살리셔서 정사로가 되게 하셨기 때문입니다. 그때 이후로 누가 보든 안 보든 5년 동안 거의 한 주도 빼지 않고 주일설교와 전도 영상을 유튜브에 업로드하였습니다. 13시간의 돋보기 기도 후에 병든 마음과 병든 몸을 주님이 고치신 것입니다. 할렐루야! 5년이 지난 지금 무릎 때문에 지장을 받은 일이 한 번도 없을 정도니 그저 감사할 따름입니다. 지금도 하루 1-2시간을 걷고 달리고 있습니다. 아무 지장 없이.

## 영어가 그냥 들려요

 5년 전쯤 수요예배 때 집중해서 하는 기도 즉 돋보기 기도를 강의하였습니다. 설교를 마치고 20분간 두 가지를 묶어서 간절하게 20분 기도하기로 하였습니다. 저는 영어능력을 위하여 20분씩 3주 즉 1시간을 기도하게 되었습니다. 그리고 어느 날 아침 새벽기도 후 여느 때처럼 열심히 운동하고 집으로 오는 도중 101.3 영어방송을 차에서 틀었습니다.

참으로 신기했습니다. 외국인들의 대화가 머릿속 해석 없이 그대로 들리는 게 아닙니까? 남자 두 명의 이야기가 쉽고 편하게, 마치 한국어를 들을 때 아무 생각 없이 그냥 듣듯이 영어를 듣고 있는 나 자신에게 놀란 것입니다.

그 후 새들백교회 릭 워렌 목사님 등 영어설교나 TED 강의들을 들을 때 머릿속 해석 없이 그러니까 머리 아프지 않고 듣게 되었습니다. 모르는 단어까지 다 알게 된 것이 아니라 알지만 속도가 빨라서 듣지 못하거나 앞 문장을 해석하느라 다음 문장을 놓쳐버리는 일이 거의 없어져 버린 것입니다. 우리가 서로 모국어로 대화할 때 평범한 대화 속에서는 거의 생각 없이 서로 듣고 말하고 하듯이 말입니다.

말하기는 지금도 연습중이지만 듣기는 생각 없이 음과 음으로 반응하여 듣게 되었습니다. 우선 거의 다 들을 수 있게 되었기에 영어로 대화중에 큰 부담이 없게 되었습니다. 급기야 필리핀 현지 목사님들에게 영어로 돋보기 기도를 하루 종일 강의하기도 했으니, 돋보기 기도는 선교의 문도 열어준 것 아닌가 싶어 하나님께 더욱 감사드립니다.

영어가 그냥 들려요

# 목사님 저도 해냈어요!

## - 필리핀 목사님들에게 돋보기 기도를 강의하다

영어가 편하게 들리게 되니 나름 자신감이 생겨 행복해 하고 있던 중이었습니다. 동료 목사님이 필리핀 목회자 부부 기도 세미나를 하자고 제안했습니다. 언제나 경제적으로 남아돌진 않았지만 나름 선교비를 모아 세미나를 준비하였습니다. 처음으로 오전 2시간 오후 2시간을 영어로 돋보기 기도를 강의하였습니다. 이 세미나를 위하여 꽤 기도했기에 그리고 필리핀 목회자들이 길 집중하고 열정적으로 기도하였기에 은혜롭게 마쳤습니다. 중간에 열심히 삼겹살 구어주고 돌아갈 때에 차비도 손에 쥐어 드렸습니다.

그런데 네 시간 집중해서 강의 듣고 마지막 20분을 기도하는데, 기도의 초점이 맞춰지고 확신이 들자 그 강의실에서 기도의 폭탄이 터진 것 같았다고 다들 놀라움을 표했습니다. 돋보기 기도 덕분에 외국에서 영어로 1일 부흥회를 할 줄이야 상상이나 해봤겠습니까? 조라고 하는 젊고 유능한 필리핀 목사님은 이 강의를 듣고 자신의 교회에서 불임 판정을 받은 한 부부에게 돋보기 기도를 적용하였고 아기를 갖게 되었다고, 그 다음번 부흥회를 갔을 때 저에게 간증해주었습니다. 서로가 너무나 행복했고 보람된 일이었습니다.

## 고넬료의 집과 같이 되리라

 필리핀 목회자 부부 돋보기 기도 세미나를 하고 몇 개월 후, 기성부흥사회의 여러 목사님들과 함께 필리핀 현지교회에서 부흥회를 갖기로 하였습니다. 단체 대화방에서 10시간 정도씩 기도로 준비하자고 감히 제안도 하였던 기억이 납니다. 매일 오후 1시간씩, 부흥회를 위하여 또 통역을 맡았기에 통역과 기도회 인도를 잘할 수 있게 해 달라고 겨우겨우 10시간을 채운 것 같습니다.

 그런데 떠나기 직전까지도 특별한 응답이나 확신이 없어 난감해 하고 있었습니다. 다행히 바로 전날 주일 아침 침대에서 일어나는데 성령의 내적인 음성이 들려왔습니다. "고넬료의 집과 같이 되리라!" 사도행전 10장, 이방인 고넬료의 집에 베드로가 십자가와 성령을 설교할 때 성령이 내려온 말씀을 아시지요? "저에 대하여 모든 선지자도 증거하되 저를 믿는 사람들이 다 그 이름을 힘입어 죄사함을 받는다 하였느니라. 베드로가 이 말 할 때에 성령이 말씀 듣는 모든 사람에게 내려오시니"(행 10:43-44).

그리고 부흥회가 시작되었습니다. 정 택 목사님이 설교를 하셨고 저는 통역을 하고 기도회를 인도하였습니다. 간증이 은혜로운 설교를 하셨고 통역도 잘 이루어졌습니다. 이제 기도시간이었고 7분 정도 십자가 복음을 강하게 선포하였습니다. "하나님께 십자가와 보혈이라는 끔찍하고 고통스러운 죄사함의 방법 외에 다른 방법이 있었다면 하나님은 이 방법을 쓰지 않으셨을 것입니다. 십자가를 보십시오. 보혈로 죄사함 받고 성령을 받아야 합니다!"

바로 그때 고넬료의 집과 같이 성령이 강하게 임하셨고 찬양인도를 하던 자매는 큰 소리를 지르며 회개와 치유가 일어났습니다. 예수님을 수십 명이 진지하게 영접했고 몸과 마음이 치유되었다는 간증도 나왔습니다.

하나님의 영이 강하게 임한 집회가 끝나니 한국 목사님들과 필리핀 목사님들 그리고 성도들이 감동과 감격으로 서로를 축복하며 사랑의 인사를 나누었습니다. 서로를 천국인 대하듯 했던 그 귀한 밤이 아직도 마음에 감동이 됩니다. 하나님은 말씀하시고 일하시는 분이었습니다. 고넬료의 집과 같이 되리라! 하나님은 은밀한 중에 계시고 보시고 갚아주시는 분이셨습니다.

그리고 이 부흥회에 필리핀 극빈자들에게 염소를 나눠주기로 해서 200-300만 원이 필요했습니다. 자전거 전도를 위하여 70만 원 주고 샀던 자전거를 50만 원에 팔고, 교인들이 함께 힘을 합쳐 순식간에 선교비가 마련되었습니다. 자전거 전도왕이신 채경묵 목사님과 사모님은 자신의 일도 아닌데 따로 50만 원을 챙겨주며, 자전거 팔아서 전도하는 마음이 귀하다며 격려하셨던 기억이 납니다. 평생 잊지 못할 귀한 모범이었습니다.

## 새벽의 한나 집사님들 6명 모두 임신하다

 사람은 언제 간절해질까요? 사람이 해결할 수 없는 일이 닥칠 때라고 생각합니다. 사람이 해결할 수 있는 일에 왜 하나님을 찾겠습니까? 그리고 새벽기도는 정말 절실할 때 찾는 사람이 많습니다. 두 번째 개척 초기였습니다. 단지가 새로 조성되던 때라 이사한 타 교인들이 새벽기도회에 많이 나왔습니다. 그래서 2부로 새벽기도를 했습니다. 5시에 한 번 6시 반에 한 번. 특히 2부에 젊은 새댁들이 많이 나왔습니다.

 그런데 기도제목을 들어보니 모두 아기를 갖지 못하고 있다는 것이었습니다. 3년 5년 기다려도 아무리 노력해도 안 되니까 새벽을 깨우게 된 것입니다. 아기를 갖지 못했던 한나처럼 모두의 기도는 간절했습니다.

 아마도 한나의 기도는 여러 가지가 아니었을 것입니다. 아기를 주세요, 아기를 주세요, 딱 한 가지였을 것입니다. 정말 집중해서 딱 한 가지 기도하는 진정한 돋보기 기도였을 것입니다. 매일 그분들을 보며 조금은 걱정스런 마음이 들었습니다. 수년을 병원 다녀보며 노력해도 안 되는 걸, 새로 생긴 작은 교회 와서 이러시면 어쩝니까? 여기서는 처음 시작하는 교회인데, 기도 응답을 못 받으면 서로 민망할 텐데…

 그런 잘못된 마음이 없지 않았지만 그래도 불쌍히 여기는 마음으로 매일 최선을 다해 기도해 드렸습니다. "하나님 엘리 제사장같이 기도 안하는 뚱보 제사장 기도도 응답하셨는데 저는 그래도 한두 시간은 꼭 기도합니다. 제 기도를 들으실 줄 믿습니다." 겨자씨 같은 믿음으로 엘리 제사장이 했던 그 말 그대로, 성경 그대로 매일 안수하며 기도하였습니다. "주께서 너의 기도하고 구한 바를 허락하시기를 원하노라."

 한두 달 기도와 간구의 결과는 모두의 임신이었습니다. 6명 중 2명이 교회에 정착하게 되었고, 보통 2-3명의 자녀를 두게 되었습니다. 그 중에는 처제도 포함되어 있습니다. 첫째 딸이 벌써 4학년이 되었군요. 둘째도 1학년에 입학했고요. 세월이 빨리도 지나갑니다. 하나님은 의사가 안 되는 일을 자주 해 주시며 "나 살아 있다" 말씀하시는 듯합니다.

## 돋보기 기도를 사용하다 – 목포, 울산

 목포 한 교회에서 기도 부흥회를 인도했습니다. 그 교회 장로님이 60년 된 교회에서 수많은 강사를 만났는데 돋보기 기도가 너무 신선하고 실용적이라고 모니터링을 해주셨습니다. 그 격려에 힘입어 부흥회 첫 시간을 돋보기 기도부터 시작하기로 했습니다.

 그 다음 집회가 울산에 있는 교회였습니다. 돋보기 기도로 집중하여 집회를 준비하고 있었습니다. 기도 중 하나님께서 그 교회에 대한 이미지를 주셨는데, 그 교회에 가서 그 이미지와 색을 이야기하는데, 바로 그 이미지 그 색이었습니다. 사모님이 깜짝 놀라며 그 색을 가장 많이 사용한다고 신기하다고 하셨습니다. 특히 사모님은 집회에 참석하자마자 심각했던 두통이 치료되셨습니다. 한 집사님은 심한 운동으로 계단을 오르기 힘들 정도였는데 집회시간에 돋보기 기도를 하고 다음날 싹 나아서 2-3시간 운동하고 오셨다기에, 너무 무리하면 다시 다친다고 말씀드렸습니다. 이틀 지났을까요? 강사 숙소에서 저녁집회를 위하여 기도하는데 한 찬양이 메시지처럼 계속 떠올라 담임

목사님에게 말했더니, 그분은 그 찬양으로 엄청난 은혜를 받았던 분이시더군요. 그날 저녁 말로 못할 하나님의 임재와 감동적인 치유가 담임목사님과 저에게 임하였습니다. 부흥회를 위하여 한 집중적인 돋보기 기도가 역사하였던 것입니다. 잊을 수 없는 감동이었습니다. 집회에 하나님의 능력이 강하게 임하여 악한 영에 사로잡힌 한 분도 강력한 치유를 받으셨습니다.

# 경매로 넘어갔던 교회 반쪽의 회복

두 번째 개척지에서 열심히 아이들에게 영어를 가르치고 있었습니다. 그런데 갑자기 사람들이 와서 여기저기 교회 사진을 찍었습니다. 와, 이렇게 열심히 봉사하고 전도하니 세상이 알아주는 구나! 그러나 그런 망상도 잠시, 사실은 건물 주인이 부도를 내고 교회 반쪽이 경매에 넘어가게 된 것이었습니다. 너무나 황당하고 화가 났습니다. 3,000만 원의 전세금도 다 날리게 되었습니다.

친한 목사님들을 통해 법무사 세무사들에게 상담을 받아보니, 이미 끝난 문제라고 소송비만 낭비할 뿐이라고 입을 모았습니다. 화가 나고 낙담도 되고 무엇보다도 사모에게도 교회 식구들에게도 뭐라 말할지 난감하였습니다. 교회 반쪽 주인을 찾아가 하소연이라도 하고 쓴 소리라도 하고 싶어서 찾아갔습니다. 하지만 막상 만나서는 오히려 위로하고 전도하고 왔습니다.

이제 남은 건 기도밖에 없었습니다. 잠시 하는 기도

가 아닌 매달리는 기도, 나의 원통함을 한나처럼 오래 기도하고 간구하는 방법밖엔 없었습니다. 무릎이 절로 꿇어지더군요. "하나님 저 이런 일 아니라도 아주 힘들게 목회하고 있어요. 왜 내게 이런 일이 일어나게 하셨나요? 저는 이제 어떻게 해요?"

거의 울며 기도했습니다. 거의 한 시간 정도였던 것 같습니다. 강력한 돋보기 기도였고, 너무나 간절한 제목이라 첨부파일 같은 것도 없었습니다. 한나의 기도와 야곱의 기도에 다른 기도제목이 있었을까요? 딱 한 가지씩이었을 것입니다. 아기 달라는, 형 에서에게서 살려달라는.

그렇게 40-50분을 마음이 괴로운 목사로 한나처럼 기도하였습니다. 그런데 기도 중간에 놀라운 일이 일어났습니다. 하나님의 강력한 평강이 나의 불안을 압도하면서 마음의 고통이 싹 사라졌습니다. 이것은 응답받기 전의 응답인 하나님의 평강이었습니다.

**"아무 것도 염려하지 말고 오직 모든 일에 기도와 간구로 너의 구할 것을 감사함으로 구하라. 그리하면 모든 사람의 이해를 뛰어넘는 하나님의**

> **평강이 그리스도 예수 안에서 너의 마음과 생각을 지키시리라"**(빌 4:6, 7)

이 말씀이 그대로 이루어진 것이었습니다.

그 후로 6개월간 강단에서 담대히 말하였습니다. "하나님이 알아서 하신답니다. 아무 염려 안하셔도 됩니다." 결국 법원에서 유찰이 2번 이루어졌고, 3번째에는 한 남자분이 낙찰되어 500만 원을 입금하고 교회로 찾아오셨습니다.

교회에 들어오자마자 저 뒤에서 기도하는 것을 보니 집사님쯤 되시겠다 싶었습니다. 내 마음에는 기도로부터 얻은 확신이 있었기에 그분께 말씀드렸습니다. "사장님, 교회로 장사하시면 장래가 있겠습니까? 저는 그건 아니라고 봅니다." 전혀 협박은 아니었습니다. 내가 믿는 그대로 말씀드렸을 뿐이었습니다. 그분은 잠시 생각하시더니 낙찰을 포기하겠다고 말씀하셨습니다. 그러나 한 번 더 유찰될 때 교회에서 낙찰 받아 그때 500만 원만 돌려달라고 하시는 것이었습니다. 사실 1천만 원 이상이 깎아지니 500만 원 돌려주는 것은 오히려 유익이었습니다.

그분은 친절하게도 경매장까지 따라와서 입찰 양식 쓰는 것을 도와주었고, 교회는 경매로 넘어간 반쪽을 시가의 절반 가격으로 구입하게 되었습니다. 전화위복이었습니다. 매월 두 칸에 120만 원의 월세가 부과되었는데, 은행 이자만 조금 내면 되는 정도로 바뀌었으니 말입니다. 한 달에 100만 원씩이나 부담을 덜게 되었습니다. 매달 너무 큰 부담을 갖는 이 교회의 부담을 줄여주실 생각이셨던 같은데, 짧은 저의 생각은 하늘의 생각을 모르는 땅의 수준이었던 것이었습니다. 세무사와 법무사와 우리의 상식을 넘어 일하신 주님을 찬양합니다.

## 집사님 이리 빨리 와봐요

 벌써 거의 10년간 토요일마다 성전 청소를 도맡아 하는 집사님이 있습니다. 용 집사님은 하루 12시간 이상 빠듯하게 일하는 작은 아이티 회사의 대표입니다. 그 바쁜 와중에도 용 집사님은 한 주도 빠짐없이 성전 청소를 하는데, 하루는 나의 기도시간과 청소시간이 겹쳐서 함께 기도를 하게 되었습니다.

 40분 정도 같이 기도하고, 집사님은 대걸레를 빨러 가시고 나는 계속 기도하였습니다. 50분 정도 기도하는데 갑자기 오른손에 묵직한 하나님의 능력이 임하는 것이 느껴졌습니다. 그리고 마침 집사님이 최근 디스크로 고생하고 있는 것이 생각났습니다. 그래서 재빨리 집사님을 불렀습니다. "집사님 빨리 좀 와봐요. 기도해 드릴께요."

 아픈 허리에 손을 얹고 기도했고 집사님의 디스크가 현저하게 회복되었습니다. 그리고 바로 다음날 주일에 집사님은 놀라운 치료하심을 예배시간에 간증하였습니다. 휴대폰도 좀 오래 충전해야 편하게 쓰듯 우리의 영혼도 충분히 충전될 때 쓰임 받는 것을 다시 한 번 알게 되었습니다.

그 다음 주 여세를 몰아 큰 병원에 다니며 허리로 고생하던 딸이 교회에서 20분 같이 기도하고 손 얹어 신유기도를 하자 놀라운 회복을 받게 되었고, 그 다음 주에 간증도 하게 되었습니다. 누구나 다 쉽게 난치병이 치료되는 것은 아니지만, 헌신하고 봉사하는 주님의 종들에게 하나님은 더욱 강하게 일하신다는 것을 경험하게 되었습니다.

# 대침보다 돋보기 기도가 낫다 - 허리 디스크를 고치다

 7-8년 전 지나치게 운동을 하다가 허리 디스크 진단을 받게 되었습니다. 당시는 월요일에 컨디션이 좋지 않은 상태였는데, 딸아이를 학교에 바래다주고 오던 길에 과한 운동을 하게 된 것입니다. 바지를 못 입을 정도이니 2주 후에는 자동차 트렁크에서 운동도구를 빼내었습니다. 이제는 더 이상 못할 것이라 생각했습니다. 같이 운동하는 주위의 목사님들도 한결같이 디스크는 쉽게 안 낫는 것으로 단정지었습니다. 그 중에 한 분은 강남에 대침 놓는 곳을 권해주었고 1시간 가량 운전하여 엄청난 고통 속에 대침을 맞았습니다. 그러나 고통만 받고 전혀 도움이 되지 않았습니다.

 그렇게 겨우겨우 걸어다니던 중 12월이 되었고, 지역의 연말 모임 식사자리에서 한 목사님이 간증을 하였습니다. 그분은 기도하니 하나님이 허리를 고쳐주셨다고 말씀하셨습니다. 30명이나 되는 목사님들 중에 그분이 제 앞자리에서 간증을 하신 것이지요. 세상에 우연은 없었습니다. 그분이 너무나 부러웠고 그분에게 일하셨다면 나에게도 일하시리라는 믿음이 생겼습니다. 바로 교회 기도실로 들어가 기도하였습니다. "하나님 너무 아픕니다. 너무 불편합니다. 저도 고쳐주세요!"

30-40분 기도하였습니다. 40-50분쯤 기도하는 중 믿음이 뜨거워지고 강해지기 시작하였습니다. 나의 허리를 고쳐달라고 돋보기 기도를 하며 간절하게 집중하였습니다. 워낙 간절하니 40분 정도는 쉽게 지나가고 있었습니다. 믿음도 성령도 들어오는 것이 분명했습니다. 이때다 싶어 큰 소리로 명령기도를 시작하였습니다. 말씀을 사용하면서요. "은과 금은 내게 없거니와 내게 있는 것으로 명하노니 예수 그리스도의 이름으로 나으라, 나으라, 나으라"(행 3:6). 한 삼십 번은 외친 것 같습니다. 5분 10분을 강력하게 명령하며 기도하였습니다. 그리고 1시간 정도 지나자 허리가 나은 것이 느껴졌습니다.

대침 맞으려 왕복 두 시간을 운전하고 그 고통을 받느니 차라리 기도하리라 하였는데 주님이 고쳐주신 것입니다. 그 당시 교회에 샌드백이 매달려 있었습니다. 오른쪽 허리였기에 오른손으로 샌드백을 쳐보았습니다. 그렇게 하면 허리 뒤가 뻑뻑해지며 굳어짐을 느끼곤 했는데 아무렇지도 않았습니다. 바로 배드민턴장에 가서 허리를 시험해 봤는데 고치신 게 분명하였습니다.

 그 후로 8년 이상 허리 디스크로 문제가 있었던 일은 없습니다. 오히려 더 강건해진 듯합니다. 완치시키신 것입니다. 할렐루야! 돋보기 기도 40분 후에 큰 소리로 은과 금은 내게 없거니와 내게 있는 것으로 네게 주노니 곧 나사렛 예수 이름으로 치료되리라고 외치던 기억이 아직도 생생합니다. 골방의 돋보기 기도가 없었다면 제 몸은 과체중에 온갖 병을 달고 살게 되었을 것인데, 참으로 주님께 감사드립니다. 여호와 라파!

## 모든 것이 회복된다

 사실 20년 전 개척하기 전의 나의 몸 상태는 최악이었습니다. 개척으로의 부르심을 받기 전에 주일학교 전도사로 주님을 섬기고 있었습니다. 그러나 그 당시에 나의 몸은 협심증으로 30분 운전도 어려운 상태였습니다. 역촌동에서 독립문을 지나다가 심장이 죄여서 차를 옆에 세워두고 숨고르기를 하고 다시 운전했던 경험도 있습니다. 재정적으로나 육체적으로 심각하게 어려울 때가 바로 그때였습니다. 그 시절을 버틸 수 있었던 것은 매일 아침 사랑의교회 골방에서 1시간 2시간씩 기도하여 새 힘을 얻었기에 가능했습니다.

 그저 하루하루 버티는 날들이었습니다. 신학교 3시간 수업이 어지러워 중간에 쉬어야 했습니다. "주님, 언제까지 이 건강으로 이 상태로 살 수 있겠습니까?" 그럼에도 예배 만큼은 1시간 전에 가서 기도로 준비하며 철저히 드리고 있었습니다. 그날에도 절박하고 간절하게 수요예배를 드리고 있었습니다. 몸의 힘이 없으니 영의 힘으로 살던 때였습니다. 수요예배 설교

후 기도하는데 생생하게 하나님의 음성이 들려왔습니다. "모든 것이 회복된다." 딱 한 마디 말씀이었습니다.

 그 당시 작은 차를 몰고 다녔는데 돌아오는 길 1시간 동안 밤이 낮처럼 밝게 느껴졌습니다. 모든 것이 회복된다는 하나님의 음성을 운전대가 뽑힐 정도로 힘을 주며 외치며 돌아왔습니다. 그 후 나의 몸과 나의 모든 상태가 회복되기 시작했고 나의 건강은 완전히 회복되었습니다. 50대가 30대처럼 강건한 몸을 가지고 살게 되었습니다. 물론 운동도 규칙적으로 하였습니다.

 하나님의 살아계심이 여전히 믿어지지 않는 귀한 예비신자 여러분, 이 일은 정말 하나님이시지 않습니까? 마음을 여시고 살아계신 하나님을 진실한 예배 속에서 만나시길 축복합니다.

## 하나님이 주신 낚싯대

개척 목회의 고통이 너무 심했습니다. 1차 개척 때 작은 본당이 가득 차는 듯한 분위기와 크고 작은 기적 속에서 나름 잘되어 가고 있었습니다. 외딴 곳인데도 아주 조금씩 계속 성장했습니다. 그런데 성도간의 작은 오해가 다툼과 갈등이 되어 교회가 텅 비어버리고 몸도 마음도 텅 비어버렸습니다. 계속된 갈등과 탈진으로 몸도 마음도 쉴 수가 없었습니다.

그때 운동을 시작했습니다. 정신적으로 쉬기 위함이었습니다. 적어도 운동에 집중할 때는 머리가 아프지 않았습니다. 그런데 이 운동, 과하게 하면 힘줄과 인대가 큰 부상을 입고 만성통증을 갖게 되는 운동입니다. 오른쪽 팔 전완근 즉 손목부터 팔꿈치까지의 힘줄과 인대가 아파 샌드백을 치거나 팔굽혀펴기를 할 수 없을 정도였습니다. 많은 주사를 맞았습니다. 돈도 꽤 썼습니다. 그러나 낫지 않았고 고통만 심해졌습니다. 와이셔츠 목 부분의 단추를 잠그지 못할 정도였습니다. 7년 정도 되니 고칠 생각 않고 그저 왼손으로 운동을 할 정도였습니다.

그런데 우리 교회 부흥회를 준비하던 중, 예정된 강사 신 목사님이 전라도에서 집회를 하신다기에 먼 길 달려가 참석했습니다. 그 교회도 소형 교회라 마음이 찡했고 정성껏 헌금하고 제일 앞자리에 앉았습니다. 이왕 참석했으니 모범생처럼 앞자리에서 은혜 받자는 거였죠. 그런데 그 교회 담임목사님이 뒤로 가라는 것이었습니다. 목사님은 뒤에 앉아도 되지만 성도들은 목사님 때문에 잘 안 보인다고. 성도들을 아끼는 귀한 목사님이셨습니다. 그래서 이해하고 제일 뒤로 가서 앉았습니다.

찬양이 끝나고 강사 목사님의 설교가 시작되었습니다. 한 20분 되었을까요? 통증을 달고 다녔던 오른쪽 팔의 힘줄이 2분 정도 마구 튀었습니다. 기타 줄을 위로 확 당겼다가 놓으면 바르르 떨리는 그런 정도의 속도였습니다. 전완근 밑에서 튀는 힘줄이 피부를 통해 눈에 보일 정도였습니다. 핸드폰으로 찍어두지 못한 게 많이 후회됩니다. 어쨌든 그 순간 나아버렸습니다.

그 다음날 사촌 조카의 무거운 짐을 몇 번 날라주었

습니다. 사실 고쳐주신 팔이 다시 망가질까봐 걱정하면서 짐을 날랐습니다. 그 후 하루 100개씩 팔굽혀펴기를 해도 괜찮을 정도가 되었습니다. 물론 오른손으로 라켓을 쥐고 다시 운동하게 되었습니다. 95% 완치되고 5%는 언제나 조심해야 할 부분이라 생각합니다. 다시 시작한 운동이 이제는 나를 위한 운동이 아니라 사람 낚는 어부가 쓰는 낚싯대로 생각하고 섬기며 운동하고 있습니다. 나의 오른팔을 사람 낚는 낚싯줄로 사용하시길 바랍니다. 고쳐주신 심장, 허리, 고쳐주신 오른팔 잘 관리하여 천국 가는 날까지 사람 낚는 어부가 되리라 기도해봅니다.

## 우울증으로 자살을 시도하던 청년과 집이 구원받다

 운동을 하다 보면 예전에 교회 다녔던 인생 선후배들을 많이 만납니다. 그 중에 친하게 지내던 2살 동생 대현이라는 운동친구가 있었습니다. 그 친구는 어떻게 알았는지 나를 기도 좀 하는 선배라 여기고 있었던 것 같습니다. 하루는 식사 중에 자기 조카가 우울증으로 가출 및 자살 시도를 하고 있는데 도와달라고 하였습니다. 우리 교인도 아니고 굳이 내가 가야 할까? 그런 생각도 들었지만 진지하게 부탁하니 거절할 수 없었습니다.

 2-3시간 기도로 준비하고 주일 오후에 심방을 가기로 하였습니다. 그때가지만 해도 심장이 가끔 불편하였습니다. 1년에 2-3번 정도 가슴이 죄이고 힘이 빠지는 날이 있었습니다. 그날 후배를 만나기전 1-2시간 호흡이 정상이 아니었습니다. 혈관은 얇아지고 가슴이 답답한 것을 1-2시간 겨우 견디었고, 가까스로 힘을 내 신림동까지 1시간 이상의 거리를 갔습니다. 그런 상태에서는 대화 자체가 괴롭습니다. 그러나 도착할 무렵 다행히 호흡이 다시 회복되었습니다. 그의

조카는 불치병으로 사망한 여자친구를 그리워하며 우울증에 걸려 가출과 자살 기도까지 한 순진한 청년이었습니다. 그 조카와 어머니는 2시간 이상 나의 간증과 설교를 경청했습니다. 조그만 빌라에서 주님은 한 영혼을 구원하기 위하여 나를 보낸 것이었습니다. 운동 후배는 2시간을 밖에서 기다렸고, 너무 오래 걸리자 2시간 30분 정도 후에 간식을 사들고 들어왔습니다.

 후배가 들어오기 10분 전 그 조카와 어머니는 며칠 기도로 준비한 덕분에 예수님을 영접하게 되었습니다. 참으로 극적인 날이었습니다. 후배는 그 조카가 중학교 이후로 그렇게 환한 미소를 본 적이 없었다고 너무나 기뻐했습니다. 자살하기 위해 가출해서 경찰관까지 동원되었던 그 청년에게 구원의 은혜가 있었고, 듣고 있던 청년 어머니까지 예수님을 나의 주 나의 하나님으로 영접하게 되었으니 정말 놀랍고 특별한 날이었습니다.

 그날 이후 이 청년은 다시 정상적인 삶으로 돌아와 부모님을 돕고 있다고 전해 들었습니다. 하나님은 아주 신기한 방법으로 한 가정을 구원하셨습니다.

# 이 방법 외에 다른 방법이 있었다면 : 십자가와 피 흘림

내가 다른 방법이 있었다면 십자가와 보혈이라는 방법을… 쓰지 않았을 것이다.

 지인이 한 수련회를 권해왔습니다. 나는 목사인데, 이미 그런 종류의 수련회를 거의 다 참석해보았기에 크게 흥미롭진 않았습니다. 사실은 특별히 가지 않을 이유가 없었기에 참석하였습니다. 물론 대부분 유사한 말씀과 프로그램이었습니다. 사실 난 속으로 좀 많이 마음이 높아져 있었습니다. 성경을 수십 번 읽고 대부분의 성경공부를 수료했고 또 매주 설교를 하는 목사가 뭐 또 새로운 게 있을까? 그런 오만한 생각을 하고 있었습니다.

그런데 한 강의시간에 군데군데 놓여 있는 휴지를 보았습니다. "아 많이 우는구나. 그렇지 내적 치유 뭐 이런 거 눈물 나지." 이러면서 별 기대를 하지 않고 있었습니다. 나름 은혜로운 강의가 끝나고 기도하는데 하나님이 눈앞에 나무 십자가 하나를 보여주셨습니다. 그때까지 아무 감동 없이 주님께 감히 말했습니다. "주님 이것은 누가 봐도 주님이 구원하신 십자가 아닙니까?"

그런 다음 바로 옆에 핏방울을 보여주셨습니다. 다시 퉁명스럽게 말하였습니다. "주님 나무십자가 옆에 핏방울이면 이것은 우리 죄를 용서하신 예수님의 보혈이지요. 제가 목사입니다. 이 정도는 불신자도 알 겁니다." 내 마음이 그렇게 교만한 말을 내고 있었습니다. 그런데 바로 그 다음 들리는 주님의 음성이 나를 오열케 했습니다. 태어나서 그렇게 통곡했던 기억이 몇 번 없었을 것입니다. 하나님의 음성이 이것이었습니다. "내가 이 방법이 아닌 다른 방법이 있었다면 이 십자가와 보혈이라는 방법을 쓰지 않았을 것이다." 어릴 때부터 봐오던 십자가 그리고 죄를 짓고 언제나 씻기 위해 바라봤던 십자가의 보혈이 하나님이 가장 쓰기 힘들었던 하나밖에 없는 방법이었다는 하나님의 음성이었습니다.

하나님의 마음이 담긴 한 문장에 나의 마음과 영혼은 수십 분을 울부짖었습니다. 하나님의 마음 섞인 한 문장이 나를 오열케 했고 다시 한 번 제대로 예수님의 십자가와 보혈을 가슴으로 이해하게 되었습니다. 그 후 몇 년간 명함 뒤에 그 그림과 문장을 새겨놓았습니다. 그리고 부흥회에 가면 반드시 구령의 도구로 삼았습니다. 십자가와 보혈, 주님의 헌신적 사랑은 이야기도 전설도 아닌 하나님의 희생과 예수님의 온몸 다 바친 단 한 가지 유일한 구원의 방법이었던 것이었습니다. 그리고 그 다음날 그 은혜에 떠밀려 전도를 나갔고, 그때 놀이터에서 만난 열 살짜리 그 꼬맹이 소녀가 초등학교 교사가 되어 구령의 삶을 살고 있습니다. 하나님의 유일한 방법인 예수님의 십자가와 보혈을 찬양합니다.

## 철이 아빠 구원받고 특허 내다

1차 개척지에서 있었던 일입니다. 한 집사님이 근처 큰 교회에서 저희 교회에 나오셨습니다. 작은 교회지만 기쁨으로 다니셨습니다. 하루는 주일학교 수련회를 가 있는데 전화가 왔습니다. 철이라는 집사님 아들이 비데 변기에 올라가 뜨거운 물을 누르고 항문이 거의 타 버렸다는 것입니다.

 수련회 중 철이를 위해 간절히 기도했습니다. 이 아이에게 통증이 사라지는 기적이 일어났습니다. 앉아서 주사 맞고 앉아서 밥 먹고 그렇게 할 수 없었는데 하나님이 역사하신 것입니다. 역시 의인의 간구는 역사하는 힘이 많습니다. 그러던 중 이 집사님이 남편에 대해 한 마디 하였습니다. 이 세상 사람이 다 믿고 난 후에 믿을 사람이라고요. 하나님을 믿기 정말 어려운 분이라는 것입니다.

 그러나 하나님께 불가능은 없기에 약속시간을 잡아 달라고 하였습니다. 다행히도 철이 아빠는 서예에 심취된 분이었습니다. 그래서 저도 서예를 배우겠다고,

사실 아무 관심도 없는데 전도하려고 서예 배우는 시간을 만들었습니다. 집까지 찾아오는 목사가 싫지는 않았는지 열심히 서예에 대해 이야기하고 간식이 나올 때는 제가 열심히 기도하였습니다.

그러던 중 2-3번을 만났을까 하던 시점에 철이 아빠는 방에서 예수님을 만납니다. 방에서 예수님을 생각하고 십자가를 생각하고 피 흘리심을 생각하는데 마음에 회개가 일어난 것입니다. 어떤 사람은 교회 와서도 회개와 중생이 안 일어나는데 참 감사한 일이었습니다.

그때 예수님 때문에 울며 회개하며 예수님 생각하며 쓴 글자를 저에게 보여주었습니다. 예수님이라는 글자로 한 글자마다 의미를 넣은 글자였습니다. 보자마다 너무나 은혜로워서 특허를 내도록 권면하고 도와주어 특허 받은 액자가 상품화되어 나왔습니다. 너무나 은혜롭고 아름다운 액자가 한때 기독교서점에 진열되기도 했습니다. 그 작품은 한 명의 영혼이 집에서 구원받고 구원의 감사를 표현한 작품이었습니다.

그리고 철이 아빠는 그 후 강력한 기도의 사람이 되

어 쉬지 않고 기도하는 사람이 되었고 주님과 교제하는 사람이 되었습니다. 그때 이미 골방기도라는 책을 낸 상태였는데 철이 아빠는 "목사님 책 한 권 더 나오실 것 같은데요!" 18년 전에 의미 있게 이야기했던 기억이 납니다.

 하나님께 불가능한 사람은 없습니다. 가장 안 믿을 것 같은 사람이 가장 잘 믿는 사람 중의 한 사람이 되고 예수님 액자까지 특허 낸 사람이 되었습니다.

 하나님께 영광입니다.

## 아킬레스 무통의 기적

 과유불급이라 했습니다. 심한 운동이 매일 겹쳐 마침내 아킬레스건이 끊어졌습니다. 남들에게만 있는 일이라 생각했는데 피곤할 때 무리한 운동은 독이 되었습니다. 앰뷸런스에 실려 병원으로 옮겨졌고 수술을 해야 한다는 판정이 내려졌습니다. 사실 아주 작은 수술도 떨리고 아픈 것이 당연한 것이지요. 수술 같은 것은 오십 평생 받아본 적이 없기에 참 황당하였습니다.

 마침내 끊어진 아킬레스건을 잇는 수술이 끝나고 무통주사도 다 맞아갈 즈음에 간호사가 들어왔습니다. "이제부터 많이 아플 테니 참고하세요." 그러고 나가 버렸습니다. 마치 그 말을 기다렸다는 듯이 갑자기 통증이 느껴지기 시작했습니다. 마취가 풀리고 무통주사도 다 맞았으니 당연한 이치였을 것입니다. 바로 그 때 기도를 부탁해야겠다는 생각이 들었습니다. 의인의 간구는 역사하는 힘이 많으니 교회 단톡에 상황을 이야기하고 기도를 부탁하였습니다.

밤 9시 30분경으로 기억됩니다. 기도를 부탁하기 전에 "아 오늘 밤 잠들기는 틀렸구나." 생각이 들 정도로 통증이 밀려왔습니다. 그런데 카톡을 전송하고 10분 후부터 실밥을 푸는 2주간 동안 통증이 멈춰버렸습니다. 물론 발을 딛거나 하면 당연히 아팠지만 힘을 주지 않는 이상 통증이 나타나지 않았습니다. 가장 고통을 느꼈을 때가 실밥 풀 때였으니 말 다했지 않습니까?

사실 사람은 다 비슷하게 고통을 느끼지 않습니까? 심한 치통 관절통 등 모든 고통은 사람이 거의 비슷하게 느끼지요. 몸의 가장 큰 힘줄이 끊어지고 다시 이은 수술 후의 통증에 하나님이 역사하신 것이었습니다.

다음 주에 강단에서 물어보았습니다. 카톡 받고 10분 이상 기도한 사람을 조사한 결과 5명 정도가 진지하게 간구했던 것이었습니다. 할렐루야. 하나님은 의인의 간구, 성도들의 간구에 강하게 역사하셨습니다. 그리고 7개월 안에 뛸 수 있었고 1년이 지난 지금은 3시간 이상 끄떡없이 뛰며 달릴 수 있게 되었습니다.

실로 기도의 능력은 상황과 조건에 제한됨이 없음을 깨달았습니다. 그 후 임플란트를 위한 발치 후에도 미리 돋보기 기도를 해 놓고 통증이 없는 것을 재확인하였습니다. 기도의 효과는 정말 놀랍습니다.

## 무균실에서 나오다

 교회의 반주자였던 여학생이 아마도 심한 운동으로 인해 병원에 입원하였습니다. 백혈구 수치와 균에 저항할 수 있는 수치가 최저로 나왔다고 하였습니다. 그래서 결국 무균실에 입원하였고 그 얼굴은 평소의 활기찬 얼굴이 아니었습니다. 정말 병든 모습이었습니다. 글로 표현하기 미안한 아주 심한 그런 상태였습니다. 이럴 때는 기도밖에 없다고 생각하였습니다.

 그날 저녁 고통 받는 반주자 학생을 떠올리며 교회에서 1시간 내내 정말 간절히 집중하여 기도하였습니다. 바로 그날 밤 열이 다 내리고 다음 날 퇴원하게 되었습니다.

 우연일까요? 이젠 너무나 많은 간증이 있어서 우연이 아닌 기도의 결과로 믿어집니다. 수년이 지난 지금도 생생하게 생각납니다. 무균실 앞에서 지금은 많이 쓰고들 있는 손 소독제 그리고 초췌한 모습으로 마스크를 착용한 여학생의 모습이. 그리고 부르짖던 그날 밤이. 하나님은 살아계시고 우리의 간구를 들으시는 분이십니다.

# 111만 원의 기적

 신학교에서 주최하는 중고등부 수련회에 나와 열 명의 학생이 참석했습니다. 엘피스라고 하는 찬양팀이 많은 기도로 준비하였기에 큰 은혜가 있는 집회였습니다. 참 귀한 사역자들이었습니다. 그 중 리더 전도사님이 나와 안면이 있었고, 참 열심히 하는 모습이 좋았습니다.
 집회가 끝나고 우연히 식당에 앉아 차를 마시는데 그 전도사님이 속마음을 털어놓았습니다. 집회 끝나

고 나니 400-500만 원이 적자라고 하였습니다. 주님의 일을 하는데 돈이 모자라니 참 마음이 아팠습니다.

우선 내가 100만 원을 내기로 하였습니다. 항상 모자라는 돈이지만 귀한 일에 쓰고 싶었습니다. 그리고 좀 주제넘지만 용기를 내어 마이크를 들고 참석자들에게 호소하였습니다. 이 모임을 위해 각 교회 명수대로 1만 원씩만 회비를 더 내자고 말입니다.

수련회를 마치고 그 다음 주 첫날 은행 문이 열리자마자 들어가서 111만 원을 입금시키려 했습니다. 내가 약속한 100만 원과 우리 인원이 11명이니 더하면 111만 원이었기 때문입니다. 이때부터 하나님의 살아계심이 드러나기 시작했습니다. 입금시키려 하는데 그때 은행직원이 먼저 말하였습니다. "고객님 90만 원이 들어 있는 통장이 있는데 쓰시겠습니까?" 사실 몰랐습니다. 그런 통장이 있었는지를. 은행원이 먼저 말하지 않았으면 숨겨졌을 통장 속 90만 원이었습니다.

너무나 감사했고, 그 후 운동하는 곳에 갔습니다. 같이 운동하는 자동차 영업사원이 있었는데 그때 차를 시승하기 위해 10만 원을 맡겨놓았던 것이 있었습니다. 사정상 차를 사지 않을 것이기 때문에 그 10만 원을 까맣게 잊고 있었는데 그 영업사원이 먼저 말을 거는 것이었습니다. "정 목사님 차 안 사실 거면 시승 위해 걸어놓았던 10만 원 가져가세요." 순식간에 100만 원이 채워졌습니다. 이번에도 내가 먼저 말을 건 것이 아니었습니다. 아 하나님이 일하고 계시구나 느껴졌습니다.

 그러다 보니 자연스럽게 하나님이 나머지 11만 원도 주실까 하는 기대감이 생겼습니다. 정말 감사하게도 그날이었는지 다음 날이었는지 노트북으로 작업을 하고 있었는데 전화가 왔습니다. "고객님 GS 칼텍스에 11만 포인트가 적립되었는데 현금처럼 쓰실 수 있습니다. 참고하세요." 와우! 111만 원이 모두 채워졌습니다. 나중에 생각해 보니 세 군데에서 튀어나온 현금이 다 내가 찾아낸 것이 아니고 주님이 찾아서 손에 놔주신 것이었습니다. 111만 원을 헌금하고 1천만 원이 들어온 것보다 훨씬 더 가치 있는 채우심이었습니다.

하나님의 생생하게 살아계심이 잊어지지 않게 하신 사건이었습니다. 하나님은 하나님을 감히 돕고자 하는 개척교회 목사에게 '내가 너를 보고 있다'고 가르쳐주신 것이었습니다. 통장 속 90만 원, 시승 예약비 10만 원, 카드 포인트 11만 원 도합 111만 원의 기적이었습니다. 딱 보고 계신 하나님을 찬양합니다.

# 3,500만 원의 기적

 2018년 부흥회 때였습니다. 이미 몇 번 필리핀 선교를 다녀온 터라, 고생하는 선교사님과 현지교회들이 마음에 있었습니다. 마침 부흥회를 인도하던 신 목사님도 필리핀 선교사 출신이라 함께 선교에 대한 이야기를 나누던 중 그곳에 꼭 필요한 봉고차를 헌금하라는 감동이 있었습니다. 그러나 작은 교회에서 3,500만 원의 헌금이 나오기는 쉽지 않은 일이었습니다. 하나님이 부흥사와 저에게 감동을 주셨고, 20명밖에 모이지 않은 저녁집회에서 선교헌금을 모금하였고 바로 그 자리에서 3,500만 원이 채워졌습니다. 놀라운 기적이었습니다.

 그때 1천만 원 헌금한 집사님은 바로 다음 날 회사에 필요한 12억을 하나님이 공급하셔서 우리는 다시 한번 크게 놀랐습니다. 대학교 후배인 신실한 유 집사는 그날 참석하여 1천만 원을 헌금하여 하나님께 영광을 돌렸습니다. 동역자 조 목사님은 교인들이 여행 가라고 준 5백만 원을 전부 헌금하였습니다. 저 역시 5백만 원을 헌금하였습니다. 강사 신 목사님도 5백만 원 헌금하였습니다. 그리고 몇 분의 집사님들과 함께 3,500만 원이 만들어진 것이었습니다.

 필리핀의 심 선교사님은 그 더운 곳에서 여러 교회를 멘토링하고 또 새로운 교회를 세우기 위하여 봉고차가 없으면 안 되는 상황이었습니다. 하나님은 7교회를 돌보는 심 선교사를 위하여 사르밧 과부 같은 작은 교회 작은 무리를 통하여 한 번에 멋진 차를 공급하셨습니다. 그 차로 교회들을 멘토링하고 한국 부흥사들의 선교를 준비하고 또 한 교회를 준공하게 되었습니다. 우리 교회는 필리핀에 교회는 짓지 못했지만 움직이는 교회를 보냈다고 감사하고 있습니다. 그리고 그 후 계속해서 선교비를 보내고 있습니다

 하나님은 아주 작은 교회에서 단 한 번의 집회에서 봉고차 한 대가 생겨나게 하시고 수많은 영혼을 살리는 일을 하게 하셨습니다. 할렐루야!

## 250만 원의 기적

 그 다음해에 필리핀에 염소 기증하는 일을 조 목사님이 갑자기 제안해 왔습니다. 작은 교회라 갑자기 몇 백씩 준비하는 일이 만만치 않았습니다. 같이 한다고 말을 해 놓았지만 사정이 여의치 않아 10일을 기도하며 안달하며 준비하던 중 교회 뒤에 세워놓은 자전거가 보였습니다. 전도하려고 거금 70만 원을 주고 산 자전거를 드려야겠다고 생각하였습니다. 자전거 전도왕 채 목사님에게 50만 원을 요청하였더니 흔쾌히 헌금해 주시며 격려하셨습니다. 말과 혀로만이 아닌 그 목사님 부부의 행함과 진실함에 큰 감동을 받았습니다. 벌써 100만 원이 된 것이지요. 교회 용 집사님 부부가 100만 원, 저희 가정 50만 원, 3년 만에 교회에 들른 친척이 24만 원, 교회 청년이 24만 원... 하나님은 염소 선교를 하려는 마음을 받으셨다는 것을 다시 한 번 보여주셨습니다.

 모아진 헌금을 염소 선교에 다 드리고, 공항에서 박 목사님에게 차비 3만 원을 빌려 집에 돌아왔습니다. 차비도 남기지 않았던 것이었습니다. 돌아오는 길에 저에게 있는 통장 두 개가 모두 0원인 것을 보고 참 웃기고 슬펐습니다. 그러나 한 부족이 하나님을 만나는 데 쓰인 귀한 예물이니 후회가 없었습니다. 한 번은 봉고차로 한 번은 염소로 영혼 살리는 일에 우리 교회를 사용하신 하나님께 감사드립니다.

 이 염소 선교 몇 달 전 필리핀 목사님들 부부 26명에게 돋보기 기도를 강의하고 기도회를 하고 식사를 대접하는 일이 있었습니다. 그때에도 가져간 선교비를 가지고 있으면 쓸까봐 남김없이 선교사님에게 드리고 나서 잠시 쉬는데 한국에서 전화가 왔습니다. 마음에 감동이 와서 미안했던(?) 돈 100만 원 입금했다고 옆집 학원 원장님에게 전화가 온 것입니다. 하나님은 딱 보고 계셨던 것이었습니다. 선교비를 귀하게 여기는 마음을 보신 하나님께서 내가 보고 있다는 것을 다시 한 번 알려주셨습니다.

# 친구의 구원

 고등학교 동창 중 유일하게 남은 한 친구가 있습니다. 이 친구는 선생님이 부모님 안부를 물을 만큼 유복한 집에서 태어났고, 건장한 체격을 가졌고, 오랜 시간 사업을 하는 친구입니다. 그런데 이 친구에게서 뜬금없이 자살한다고 문자가 왔습니다. 낮잠을 잠시 자고 엘리베이터 앞에서 문자를 확인하며 저녁기도를 가던 중이었습니다. 그날은 마침 최진실 씨가 자살한 날 몇 주기 되는 날이어서 아침 방송에 그녀에 관한 영상이 보도되었습니다. 그래서 그런지 친구의 메시지가 더 실감나게 다가왔습니다.

교회로 기도하러 가다가 방향을 돌려 파주에서 강남 포이동까지 급히 달려갔습니다. 기도로 깨어 있던 때여서 그런지 하나님은 달려가는 동안 출애굽기 14장 말씀을 주시며 하나님께는 가능하다고 말하라고 메시지를 주셨고, 또 예수님을 믿고 영접하여야 한다고 메시지를 주셨습니다.

 친구 사무실에 도착했을 때 30억 부도를 맞은 터라

직원들은 다 떠나고 텅 빈 사무실에 친구 혼자 담배를 피우고 있었습니다. 친구는 자살하기 위해 머리를 깎고 마지막으로 나에게 문자를 보낸 것이었습니다. 나는 하나님께서 감동 주신 메시지를 있는 그대로 전달하였습니다. 친구는 평생 교회를 한 번도 가본 적 없는 전통적인 불교집안 사람입니다. 물론 절에도 거의 가지 않는 무신론자였습니다. 그런데 그런 친구가 바로 그 자리에서 목사가 된 친구를 통해 하나님의 메시지를 듣고 회개하며 예수님을 모셔 들였습니다. 그것도 진실한 눈물을 흘리며.

그 사건 이후 친구는 차로 1시간 넘는 우리 교회를 1년 넘게 다녔고, 하나님은 30억 빚을 갚게 해 주시고, 그 친구를 매일 기도하는 사람이 되게 하셨습니다. 친구는 지금도 하나님을 체험하며 살고 있고, 잘 지내냐는 나의 전화에 "야 너희 교인들에게 말해. 하나님을 믿으라고!" 자신 있게 말하였습니다. 난 대답했습니다. "너나 잘하세요." 절대절명의 위기를 통해 친구를 구원의 길로 이끄신 하나님을 찬양합니다.

# 울산백합교회 권 권사님 돋보기 기도 체험하다

 작년 여름부터 어깨에 통증을 느끼게 되었습니다.

한의원에 두 번쯤 갔는데, 말씀 붙들고 기도하면 나을 거야 하는 마음이 와서 병원을 가고 싶지가 않았습니다.

그러면서 통증이 더 심해졌고 벽을 짚으면 악~ 하고 비명을 지를 만큼 아팠어요.

또 교회서 박수치며 찬양할 때는 통증이 와서 깜짝 놀라며 살살 치기도 했어요.

 또 다른 한 마음으로는 치료도 안 받고 기도하는 내 모습이 하나님 영광 가리는 건 아닐까, 진단이라도 받아보아야 하는 건 아닌가~ 하고 생각해 보았지만

말씀 듣고 기도할 때 치료받은 경험이 있어서

 주님이 치료해주실 일만 기대하며 기도했습니다.

 그러던 중 한 달 전쯤 주님이 용기를 주셔서 말씀으로 분명 치료받을 수 있어~ 하며 기도하는데, 정석우 목사님으로부터 배웠던 돋보기 기도로 기도하고 싶

어졌어요.

 평소에는 돋보기 기도를 하면 제가 집중력이 약해서인지 20분 기도하는 동안에도 다른 생각도 나고 집중 기도가 잘 안 되는 편이었어요.

 이번에는 어깨 치료를 위해 기도하는데 20분 내내 기도가 집중이 잘되고 너무 간절해져왔어요. 예수가 채찍에 맞으심으로 내 어깨는 나음을 입었습니다 선포하며 계속 돋보기 기도로 기도하는데, 기도가 잘되는 것도 하나님의 은혜구나

 주님이 치료해주시기로 작정하셨구나 하는 마음이 왔어요.

 20분씩 세 번쯤 기도하면서 이제 팔을 가슴 앞으로 당기는 스트레칭 동작을 해보고 싶어서 당겨보았는데, 평소와 같은 통증이 없어진 거예요.

 아파서 절대 앞으로 당길 수 없었거든요.

 또 손바닥으로 벽을 짚어보았는데 괜찮았고 박수도 편하게 쳐지는 거예요.

아

주님께 너무 감사했어요.

왜 나 같은 사람을 치료해주시는가 ˙˙ 생각해 보면

예수 보혈이 가장 귀하다는 것 증거하라고 이런 은혜를 주시는구나 ˙˙ 하고

마음을 정리해봅니다.

또 아픔이 있는 분들을 만나게 된다면

성령님이 마음 주실 때는 담대히

돋보기 기도로

말씀 붙들고 기도해 보자고

권하고 싶어요.


예수가 채찍에 맞음으로

우리는 다 나음을 입었습니다.

아멘

# 어머니의 불면증을 돋보기 기도로 고치게 하시다

아들은 다 소용없다는 말을 절감하며 사는 저는 교회의 한 남 집사입니다.

2020년이 시작되면서는 여느 해보다 더 바쁜 시간을 보냈습니다. 지금도 그렇지만, 집에 돌아와서는 아이들 잠든 모습을 본 후, 보통은 밤 2시까지는 일을 하다 잠자리에 듭니다. 참고로 저는 5년차 된 스타트업에서 공동대표로 마케팅 디렉터로 근무하고 있습니다. 이렇다 보니 설 명절 하루 말고는 부모님을 못 뵈던 차였습니다. 그러던 중에 마침 지난 3월 시간을 내어 남양주 부모님 집에 다녀왔습니다.

 오랜 만에 동생 식구들과 부모님과 두런두런 사는 이야기를 나누고 즐겨 찾는 식당에서 고기도 먹으니 더없이 기쁜 시간이었습니다. 하지만, 그날따라 식사 내내 어머니의 얼굴이 어두웠습니다. 아무리 눈치 없는 아들이라도 그날만큼은 확연히 알아차릴 수 있었습니다. 식사를 마치고 부모님 집에 돌아와서 즉시 어머니와 마주하고 앉았습니다. "엄니! 어서 말씀해 보세요." 잠시 머뭇거리더니 이내 입을 떼셨습니다. "통잠을 못 자! 왜요? 몰라 그냥 잠이 안 와!"

 식구 많던 강원도 산골 농부의 맏딸로 태어난 어머니는 비교적 이른 나이에 결혼하여 아들만 둘 키우다 보니 우리 집에서는 그나마 제가 말벗입니다. 2002년 월드컵의 해에 계단에서 구르며 머리를 심하게 다친 까닭으로 죽음을 넘나드는 몇 차례 수술을 이겨 내며 자식들 곁을 지켜주고 계신 참 고마운 분입니다. 한참 걱정스럽게 이야기를 나눈 후의 제 결론은 역시 한 가지였습니다. "엄니! 저랑 기도해요." 어머니도 기다렸다는 듯이, 혹은 이미 알고 있으셨다는 듯이, 한 마디 툭 던지십니다. "그래!" 그 말의 너머에 있는 어머니의 고단한 세월과 요 며칠 사이 피곤한 기색은 마치 더 기댈 곳이 없다는 고백처럼 들렸습니다.

 그렇게 주일을 보내고 월요일 아침부터 기도를 시작했습니다. 솔직히 저는 작정기도회 때 말고는 새벽기도를 잘 못 갑니다. 그 아쉬움이 변형되어 지금은 출근하는 차 안에서 그날그날의 극복할 것들과 교회와 식구들을 위해 기도합니다. 그렇게 하루 30분, 5일간, 정확히는 2시간 30분의 기도가 시작되었습니다. 이때 제가 붙들고 기도한 말씀은 마태복음 7장 7절 이하와 마태복음 28장 18절, 야고보서 5장 15-16절입니다.

> "구하라 그러면 너희에게 주실 것이요" (마태복음 7장 7절 이하)
>
> "예수께서 나아와 말씀하여 이르시되 하늘과 땅의 모든 권세를 내게 주셨으니" (마태복음 28장 18절)
>
> "믿음의 기도는 병든 자를 구원하리니... 의인의 간구는 역사하는 힘이 큼이니라" (야고보서 5장 16-17절)

그리고 금요일 아침 두렵고 떨리는 마음으로 출근하는 차에서 어머니에게 전화를 드렸습니다. 핸드폰 발신음 너머로 가슴이 두근댑니다. 보통 전화를 하면, 받은 사람이 "여보세요?" 한 후에 누구야 하고 부르는 게 일반적이잖아요. 하지만 아침에 전화를 받는 어머니의 목소리는 제 얼굴을 환하게 해 주셨습니다. "응, 자~~~알 잤어!" 수요일부터 잘 주무셨다는 겁니다. 어머니 말씀을 듣고는 "왜 진작 전화 안하셨어?" 하니, 어머니가 그러십니다. 네가 더 기도 안할 것 같아 그러셨다는…

하하하, 엄니도 참 짓궂으시다 하며 기분 좋게 통화를 마쳤습니다.

이처럼 다른 사람이 보면 아무 것도 아닌 것 같을지 모르지만, 어머니와 저 사이에는 하나님께 대한 깊은 경외감과 울림과 경험이 자리 잡았습니다.

이 간증문을 쓰는 지금도 저는 벌써 2주째 어머니를 위해 기도하고 있습니다. 병원에서는 큰 이유가 없다는데, 어머니의 다리가 수시로 부어 너무 불편해 하시기 때문입니다. 한 주의 기도로 차도가 없으셔서 2주차 기도를 하고 금요일에 전화를 드렸는데, 큰 차도가 없으셨습니다. 저는 고민했고, 기로에 섰습니다. 성경 속 하박국의 기도를 생각했습니다.

하박국 1:2 여호와여 내가 부르짖어도 주께서 듣지 아니하시니 어느 때까지리이까 내가 강포를 인하여

외쳐도 주께서 구원치 아니하시나이다

 3주가 아니면 4주가 되더라도 구원자이신 하나님을 향해 나아갈 수 있기를 기도하고 있습니다.
 하박국 마지막 절인 3장 19절 하박국의 고백이 내 고백이 되기를 위해 3주, 4주가 되더라도 기도해 보려고 합니다.

> "주 여호와는 나의 힘이시라 나의 발을 사슴과 같게 하사 나를 나의 높은 곳으로 다니게 하시리로다." (하박국 3장19절)

 죄에 대해 감각 없이 살던 나를 구원하시고 오늘도 인도하시는 하나님!
늘 함께 하시고 도와주세요!

- 생명샘교회 용성남 집사 -

## 두 명의 혈액암이 사라지다.

 교회의 한 아이가 일산의 큰 병원에서 혈액암이라는 판정을 받았고 서울의 최고 의료진이 있는 곳으로 옮겨졌습니다. 처음 병문안을 갔을 아이는 토하고 있었고 엄마는 극도로 예민한 상태였습니다.

 마음이 너무나 아팠고 엄마와 아빠 그리고 저는 같이 기도하기 시작했습니다. 20분 40분 며칠을 기도해도 믿음도 오지 않고 확신도 생기지 않았습니다.

 그 당시 사모가 원흥에서 작은 분식점을 운영하고 있었습니다. 몇 시간씩 가서 도와주곤 했고 마감시간에는 음식물쓰레기가 무거워 지하까지 날라주었습니다. 그 날도 분식집 문을 닫고 집에 가려던 중에 한번 더 기도해야겠다는 생각으로 분식점 뒤편에 있는 작은 교회에 가서 한 번더 의인의 간구를 드렸습니다. 한 3-40분 기도했고 기도하고 나오는데 마음에 믿음이 온 것이 감지되었습니다. 아 나았구나. 그리고 곧 전화하였습니다. "집사님 지금 나았다는 믿음의 응답을 받은 것 같아요." 그 후 혈액암은 없어져버렸고 잘 퇴원하였고 잘 성장하고 있습니다.

한 두 번 돋보기 기도를 하고 포기하지 말아야 합니다. 야곱처럼 매달려 "당신이 나를 축복하지 않으면 못 갑니다!"라는 믿음의 끈기가 있길 바랍니다.

또 한 사건은 제가 존경하고 귀하게 여기는 분입니다. 함께 오랜 시간을 보낸터라 맛있는 것을 먹으면 생각이 날 정도로 막역하고 또한 신실한 분이십니다. 이 분과 식사를 하다가 혈액암판정을 받고 치료중이라는 안타까운 사실을 들었습니다. 나중에 티비에서 혈액암이 얼마나 무서운 병인지를 알고 놀랐습니다. 그러나 그 때는 그저 암이라는 병명이 있다는 자체가 큰 무서움으로 다가왔습니다.

친한 동역자니 그 날 저녁 밤에 교회로 와서 부르짖어 1시간이상 돋보기 기도를 하였습니다. 그리고 얼마지나지 않아 거의 완치에 가깝게 치료되었다고 하였습니다. 그리고 수년이 지나 그 때의 상황을 조심스럽게 물었습니다. 그 때 어떻게 치료가 되었냐고. 대답은 그 병은 치료제가 없는 병이라 큰 약을 쓴 것이 없다는 것이었습니다. 그런데 갑작스런 치료가 일어났고 열이 가라앉고 증세가 없어졌다는 것입니다. 그래서 몇 년이 지난 지금 완치 판정을 받았다는 것입니다.

 분명 저 외에도 많은 사람이 기도했을 것입니다. 그러나 분명 기억하는 것은 두 혈액암 모두 집요하고 강한 돋보기 기도가 그 뒤에 있었다는 것입니다. 하나님은 집중하는 진지한 기도를 기뻐하십니다. 20분 40분 1시간이 한 영혼에게 집중될 때 놀랍고 강한 하나님의 손의 도우심을 맛볼 것을 믿습니다!

# 나를 살린 하나님의 말씀들

# 사람이 감당할 시험밖에는

▪ 고린도전서 10장 13절 ▪

1차 개척에 4년간 최선을 다했습니다. 감사하게도 중국집 배달원도 찾기 힘든 장소에 한 가정씩 보내셔서 아 좀 되어가는구나 안심이 되어갈 때였습니다. 찬양단도 생기고 은혜 받은 사람들로 조금씩 채워져 가는 교회였습니다.

4년 정도 되었을 때 뜻하지 않은 가정들 사이에 불화가 생겼습니다. 아이들 싸움이 어른 싸움이 된 경우였습니다. 그리고 교인들 상당수가 떠나게 되었습니다. 저와 사모는 크게 마음이 상처를 받은 구비에 있었습니다. 엎친 데 덮친 격으로 교회 땅은 정부에 수용되어 이전할 수밖에 없었습니다.

지어진 교회에서 상가교회를 알아보는 마음이 어땠을까요? 분명히 밝은 낮이요 아름다운 계절이었습니다. 그러나 마음이 어두우니 꽃이 핀 여름 대낮이 어둡게만 보였습니다. 머리와 마음속에는 온통 "하나님, 이런 일은 사람이 감당할 만한 일이 아닙니다. 너무 힘듭니다. 하나님, 이 괴로움은 사람이 견딜 만한 괴로움이 아닙니다. 너무 힘듭니다."

너무 힘든 나머지 일산 호수공원 옆을 운전하며 절친 동생에게 전화했습니다. "영호야, 형 너무 어둡다. 이건 사람이 감당할 일이 아닌 것 같다." 마음이 너무 어두워서 기도원으로 갔습니다. 본능적으로 살고 싶어서 가서 앉아라도 있자 하는 심정으로 말입니다.

그런데 예배시간에 설교 내용과 관계없는 하나님의 말씀이 마음속에 들려왔습니다. "나는 네가 감당할 만한 무게 이상으로 너에게 시험을 허락하지 않는다." 신기하고 놀라운 깨달음이었습니다.

나는 생각했습니다. "그렇다면 하나님은 내 믿음의 근력을 그렇게 크게 보셨다는 것 아닌가? 한낱 사람인 헬스 코치들도 회원이 들 무게를 기가 막히게 아는데 하나님께서 모르시겠는가? 내가 깔려죽을 무게를 올려놓지는 않으시지 않겠는가? 그렇다면 나를 이렇게 크게 생각해 주시는 구나." 오히려 감사한 마음으로 마음의 역전이 일어났습니다.

### "사람이 감당할 시험밖에는 너희에게 당한 것이 없나니"(고전 10:13)

바로 이 말씀으로 치유받고 2차 개척을 힘 있게 해낼 수 있었습니다. 어른 1명 아이 1명이 따라온 이 상가 교회에서 새벽기도를 2부로 해내며 다시 달려갈 수 있었습니다. 사실 돋보기 기도의 시작도 바로 이 상가 교회 새벽기도부터였습니다.

지나고 보면 하나님의 인도와 훈련은 놀랍고 또 놀랍습니다. 감당할 시험만 주시는 하나님, 오늘도 모든 시험을 감당해 내게 힘을 주소서!

# 사랑은 오래 참고

▪ **고린도전서 13장** ▪

> 사랑은 오래참고, 사랑은 온유하며
> 투기하는 자가 되지 아니하며
> 사랑은 자랑하지 아니하며, 교만하지
> 아니하며 무례히 행치 아니하며
> 자기의 유익을 구치 아니하며
> 성내지 아니하며 악한 것을 생각지
> 아니하며 ,,, ♥

 개척목회는 정말 쉽지 않습니다. 아니 불가능할 정도입니다. 그런데 때론 더 쉽지 않은 것이 목회자의 부부생활입니다. 서로 피곤한 삶을 살다보니 너무 못 챙겨준다는 생각이 들어 서로를 괴롭히던 때였습니다. 너무 힘들고 지친 마음에 절친 친구에게 하소연이나 해보려 전화를 했습니다. 그러나 번데기 앞에서 주름

잡은 격이었습니다. 내가 말을 꺼내지 못할 정도로 부부생활과 가정생활이 힘든 친구였던 것이었습니다. 아 더 힘들게 사는 친구가 여럿 있구나 하며, 우선 위기의 때라 느끼며 기도하기 위해 교회로 갔습니다.

"하나님 제 마음이 어렵습니다. 많이 어렵습니다. 하나님 나를 불쌍히 여기소서."

 기도하며 성경을 펴서 고린도전서 13장 사랑장을 읽게 되었습니다. 대단했습니다. 사랑장의 모든 말씀과 난 완전히 반대로 살고 있었습니다. 오래 참지 않았고 온유하지 않았고 무례히 행하였고 나의 유익을 구했고 성냈고... 모든 말씀에 반대로 하고 있는 제 자신을 보며 회개가 일어났습니다. 아 나는 사랑의 반대였구나, 특히 이기적이있구나, 자기의 유익을 구하지 않는다 했는데 난 나의 유익 나를 챙겨주기만 바랬구나, 회개하였습니다.

 얼마 후 하나님께서 사랑에 대하여 마음에 가르쳐주셨습니다. 그 사람을 사랑하는가 안 하는가는 어떻게 확인할 수 있는가를. 만약 어떤 사람과의 관계에서 손해 보고도 행복하다면 그것은 사랑이라고 말입니다.

특히 그 사람이 교회나 가정이나 친구를 사랑하는가 안 하는가는 손해 보는가 아닌가에서 분별이 가능합니다. 진정한 사랑을 가진 사람은 말과 혀로만의 사랑이 아니라 나라를 위해 교회를 위해 가정을 위해 물질과 시간과 인생을 손해 보는데 아깝지 않을 것입니다. 그렇게 애국자와 사랑하는 자를 알아볼 수 있을 것입니다. 누구나 손해 보기를 싫어합니다. 그러나 손해 보고도 행복할 수 있다면 그 사람은 사랑하는 사람입니다.

사랑은 수고하고 손해 보는 것입니다. 사랑이 떨어지면 다 아깝습니다. 물질도 시간도 노력도. 그러나 사랑하는 사람은 아깝지 않습니다. 300데나리온의 향유를 부은 마리아처럼. 옆의 인간들은 모두 아까워 어쩔 줄 몰라 했지 않습니까?

> "사랑은 오래 참고 사랑은 온유하며 투기하는 자가 되지 아니하며 사랑은 자랑하지 아니하며 교만하지 아니하며 무례히 행치 아니하며 자기의 유익을 구치 아니하며 성내지 아니하며 악한 것을 생각지 아니하며"(고전 13:4, 5)

## 하나님께 불가능은 없습니다

▪ 누가복음1:37 ▪

 아마 이때도 역시 아주 많이 믿음이 흔들렸던 일이 있었을 것입니다. 좌절과 낙심과 상처 입은 마음과 영혼에는 오직 하나님의 살았고 운동력 있는 말씀이 치료이기에, 교회에서 나를 고칠 말씀을 달라고 열심히 구하고 있었습니다.

 그렇게 구하며 누가복음을 읽었습니다. 천사 가브리엘이 처녀였던 마리아에게 했던 말씀이 영혼에 크게 다가왔습니다. 마리아야, 어떻게 처녀가 아이를 낳느냐고 묻고 있느냐? 네 친척 엘리사벳도 노년에 임신했지 않느냐? 대저 하나님의 모든 말씀은 능치 못하심이 없다!

하나님께 불가능이 없다는 말씀을 먹고 또 먹었습니다. A4 용지에 쓰고 또 썼습니다. 한글로 그리고 영어로 계속 썼습니다. 절박했기에. 믿음이 너무나 필요했기에. 결국 그 말씀은 좌절 속에 있었던 내 영혼을 살렸고, 그 후 루프스라는 불치병을 가지고 온 한 가정을 믿음과 돋보기 기도를 통하여 구하게 했고, 그 후 필리핀 구령집회를 가능케 했습니다. 그리고 나의 인생에 거의 좌우명 같은 말씀이 되어버렸습니다.

하나님의 입으로 나오는 감동적인 말씀의 위력은 대단합니다. 단 한 마디의 말씀이 나를 살리고 설교를 살리고 교회를 살리는 말씀이 된 것입니다. 마리아야 엘리사벳도 가능했다, 너도 가능하다, **대저 하나님의 모든 말씀은 능치 못하심이 없느니라! NOTHING IS IMPOSSIBLE WITH GOD!**

# 주여 선교할 물질이 없습니다!

▪ 빌립보서 4:19 ▪

나의 하나님이 그리스도 예수 안에서
영광 가운데 그 풍성한 대로
너희 모든 쓸 것을 채우시리라.

재정 문제는 언제나 소형교회의 큰 이슈입니다. 갑작스레 요청이 들어온 필리핀 화전민 선교를 위해 300만 원 이상이 필요했습니다. 그리고 설교 통역 및 기도회 인도가 맡겨져 있었습니다. 매일 1시간씩 10시간의 돋보기 기도를 드렸습니다. 300만 원이라는 돈이 큰돈도 작은 돈도 아니었지만 그 당시에는 큰돈이었습니다. 결국 빌립보서 4:19 말씀 안에 숨기로 했습니다. 나의 하나님이 영광 가운데 그 풍성한 대로 나의 모든 쓸 것 즉 영적인 능력 통역의 능력 그리고 물질을 채울 것이라고 그 말씀 속에 들어가 보호받고 힘을 받으며 기도하였습니다. 만약 이 말씀 안에 숨지 않고 기도했다면 더욱 불안하게 기도했을 것입니다.

일주일 만에 내가 알지 못했던 손길과 방법들로 완전히 채워지고, 300만 원 모두 필리핀 화전민 선교에 모두 드리고 돌아올 때 차비 3만 원을 박 목사님에게서 빌려서 왔습니다. 하나님이 보고 계시니 단 몇 푼도 허투루 쓰고 싶지 않았기에 싹 다 드렸던 기억입니다. 재정이 어려울 때면 우선 힘들고 떨리는 인간의 마음인지라 나의 하나님의 풍성함 속에 매일 숨어보시기를 권하고 싶습니다.

"나의 하나님이 영광 가운데 그 풍성한 대로 너희 모든 쓸 것을 채우시리라"(빌 4:19)

# 분을 그치고 노를 버리라
▪ 시편37편8절 ▪

 귀한 동역자와 큰 오해로 4-5일을 크게 화를 품은 일이 있었습니다. 물론 오해였겠지만 너무나 큰 배신감에 5일 정도 분을 품고 있었습니다. 같은 지역에 15년 이상 함께 영적 교제를 가져온 목사님에게 상담이라도 하자라는 생각이 들었습니다. 사실 전도사 시절에 담임목사님에게 상담 한 번 한 것 이외에는 거의 다 기도로 해결해 나갔기에 그만큼 분노가 컸다고 보시면 되겠습니다.

화가 풀리질 않으니 기도도 되질 않았습니다. 그래서 결국 신 목사님의 교회에 찾아갔다 상담이라도 해야 했기에, 그리고 사무실에 계신 목사님을 만나기 전 본당에 앉아 예의상 잠깐 기도하고 나오려고 잠시 본당 장의자에 앉았습니다. 바로 그때 내 속에서 하나님의 말씀이 들려왔습니다. "분을 그치고 노를 버리라 행악에 치우칠 뿐이니라." 이 말씀은 잠언 말씀이 아닐까 생각했습니다. 그런데 잘 찾아보니 시편 37편 8절의 말씀이었습니다. "분을 그치고 노를 버리라 불평하여 하지 말라 행악에 치우칠 뿐이니라."

상담을 받으러 왔다가 하나님의 말씀 소화제를 먹은 기분이었습니다. 아멘이라고 할 수밖에 없었고 너무나 적합한 말씀에 거친 마음의 파도가 잠잠해졌습니다. 고의적인 일은 아니었겠지만 개인적으로 아주 큰 시험에 들었다가 주님의 말씀으로 거친 마음의 파도가 잔잔해지는 귀한 경험이었습니다. 상담받기 전 살아계신 하나님께 상담을 받은 기분입니다. 하나님은 사람의 많은 말의 위로보다 단 한 마디 하나님의 말씀으로 치료하고 해결하시는 분이심을 깨달았습니다.

"분을 그치고 노를 버리며 불평하지 말라 오히려 악을 만들 뿐이라"(시편37편8절)

# 주님은 나의 요새이십니다

▪ 시편27편 ▪

 2016년 또 한 번 크게 좌절할 만한 일이 터졌습니다. 14년을 함께 한 제자가 친언니 전도를 이유로 교회를 옮기기로 했다는 소식을 사모를 통하여 들었습니다. 사모는 침착한 듯이 말을 전했지만 상상도 못한 이야기라서 망연자실하였습니다. 목회자는 한 성도가 떠날 때마다 가슴을 칼로 베는 듯한 고통을 느낍니다. 큰 교회의 부교역자로 있을 때는 전혀 알지 못했던 담임목회자의 고통이었습니다.

이미 5개월 전에 가장 말씀을 달게 들으며 명절 때마다 목회자 가정을 챙기던 한 집사님이 남편 전도를 위해 교회를 옮긴다고 할 때 너무 큰 고통을 겪은 터라 난 속으로 말하였습니다. "하나님 목회를 하라는 말씀이십니까? 말라는 말씀이십니까?" 이럴 때는 기도밖에 없다 싶어서 밤중에 기도의 자리로 나아갔습니다. "하나님 말씀해 주세요. 하나님의 음성이 없으면 난 이곳에서 못 나갑니다. 안 갈 겁니다. 말씀해 주세요!" 50분 정도 안타까워하며 무릎으로 기도하고 있었습니다. 그때 시편 27편이 확 다가왔습니다. 성경을 펼쳤고 거기에 이렇게 적혀 있었습니다. **"여호와는 나의 빛이요 나의 구원이시니 내가 누구를 두려워하리요 여호와는 내 생명의 능력이시니 내가 누구를 무서워하리요."** 표준새번역에는 내 생명의 능력이 '생명의 피난처'로 번역되어 있습니다. 그리고 영어성경에는 fortress 즉 요새라는 단어로 쓰여 있습니다.

구글 이미지 검색을 통하여 중세 요새들을 찾아봤습니다. 난공불락의 위치와 최고의 견고함을 갖춘 가장 안전한 곳들이었습니다. 그래서 2절에서 다윗은 나의 대적 나의 원수 된 행악자가 공격하러 왔다가 실족해 넘어졌다는 표현을 합니다. 3절에는 군대도 두렵지 않고 전쟁도 안 무섭다는 것이었습니다. 즉 다윗은 요새이신 하나님 안에 숨었기에 그런 안정감을 느끼고 그런 최고의 보호를 받았다는 것이었습니다.

이 말씀이 나의 영혼에 들어왔고 나는 하나님 안에 말씀 안에 완전히 숨을 수가 있었습니다. 다시 한 번 깨달았습니다. 위급하거나 황당한 일들을 만날 때 야곱처럼 "당신이 나를 축복하지 않는다면 보내지 않겠다"는 절실한 기도가 얼마나 강력한 처방제인지를 말입니다. 상황이 중요하지만 상황에 어떻게 대처하는가가 믿음의 승패를 결정한다는 것을 깨달았습니다.

너무나 큰 은혜를 받았기에 받은 은혜를, 교회를 잠시 옮긴 제자와 6주간 제자훈련을 하며 나누었습니다. 만약 기도하고 간구하지 않았다면 상처 속에 머물며 어둠 속에 몇 달을 지내야 했을 것입니다. 하나님은 우리의 완전한 피난처시며 완벽한 요새이심을 다시 한 번 찬양드립니다.

# 사랑이 없으면

▪ 고린도전서13:1~3 ▪

사랑이 없으면
내게 유익이 없느니라♡

 거룩과 구령의 말씀의 옷을 입혀 달라고 전도의 능력을 달라고 하나님께 집중적으로 기도하던 중이었습니다. 8일 정도 기도하고 있는데 주님은 고린도전서 13장의 말씀으로 인도하셨습니다. 전도는 기술이 아니라 사랑이라고. 사실 수십 수백 번 들은 사랑장이었고 노래로도 만들어진 말씀이지요. 사랑은 오래 참고 온유하며...

 그런데 이번에는 1-3절을 읽으면서 '사랑이 없으면'이라는 구절이 3번이나 나오는 것을 보며 "아 나는 사랑이 없었구나"라는 깨달음이 왔습니다. "나의 아름다운 전도와 간증과 설교의 말들이 사랑이 없으면 듣는 자에게 소음이구나. 아 나에게 허락하신 많은 영적 은사들이 사랑이 없으면 아무 것도 아니구나, 자기 자랑이구나. 아 나의 모든 헌신과 봉사가 사랑이 없으면 상처와 분노만 남겠구나."

 특히 평소 전도하는 사람들에게 사랑 없는 전도의 말을 건넸다는 것이 너무 미안했습니다. 사실 좋은 말 했고 좋은 전도물품 나눠주고 밥도 사주고 최선을 다했습니다. 그런데 이 말씀을 깨달은 후 사랑 없이 전도한 사람들에게 참 미안한 마음이 들었습니다. 사랑 없는 전도의 말, 사랑 없는 간증과 은사들이 그들에게 울리는 꽹과리 즉 소음일 수 있었겠구나 하는 마음이었습니다.

 "사랑 없는 전도의 말과 설교의 말이 소음이 되니 나의 전도의 말과 설교의 말에 사랑을 담아주소서. 나의 눈과 나의 혀에 나의 태도에 사랑을 담아주소서. 나의 강연과 부흥회에 사랑을 담게 하소서. 나의 말을 듣는 사람들을 존경하고 배려하고 사랑하게 하소서. 나의 봉사와 전도가 사랑을 담게 하소서. 수고하고 손해 보며 만족한 자가 되게 하소서." 그렇게 기도하게 되었습니다.

> "내가 사람의 방언과 천사의 말을 할지라도 사랑이 없으면 소리 나는 구리와 울리는 꽹과리가 되고 내가 예언하는 능이 있어 모든 비밀과 모든 지식을 알고 또 산을 옮길 만한 모든 믿음이 있을지라도 사랑이 없으면 내가 아무것도 아니요 내가 내게 있는 모든 것으로 구제하고 또 내 몸을 불사르게 내어 줄지라도 사랑이 없으면 내게 아무 유익이 없느니라"(고전 13:1-3)

## 때가 이르면 거두리라

▪ 갈라디아서 6:9 ▪

서울에 갔다가 자유로를 들어오고 있었습니다. 토요일로 기억됩니다. 개척한 지 너무 오래되었고 성장하다 멈추다를 너무 많이 한 탓인지 지지부진한 듯이 보이는 목회에 대한 굉장한 자괴감이 무섭도록 내 마음을 공격했습니다. "지금까지 한 것이 무엇이냐?" 엄청난 자책감과 자괴감이 불화살처럼 마음에 꽂히고 또 꽂혔습니다. 누구보다 자신하던 성장과 부흥이 이젠 너무 먼 나라 이야기가 되어버렸다는 생각이었습니다.

그날은 분명 토요일이었는데 이런 심정으론 내일 설교조차 불가능하다는 생각이 들었습니다. 역시 교회로 기도의 자리로 나아왔습니다. "주님 너무 괴롭습니다. 자책과 자괴감으로 원수의 공격이 너무 심합니다. 이 상태론 내일 설교 어렵습니다." 기도하던 중 하나님의 말씀이 떠올랐습니다.

갈라디아서 6:9 말씀이었습니다.

**"너희가 선을 행하되 낙심하지 말지니 피곤하지 아니하면, 포기하지 아니하면 때가 이르매 거두리라."**

약 1시간을 이 말씀이 내 마음에 들어와 원수에게 맞은 화살들을 뽑아내고 흐르던 피를 멈추게 하였습니다. 즉 이 한 말씀으로 나의 마음의 상처들이 치료된 것이었습니다.

"아들아 네가 선을 행하니까 피곤한 것이다. 지금 네가 하고 있는 일이 선한 일이다. 그리고 열심을 다하고 있으니 피곤한 것이다. 실망하지 말고 포기하지 말아라. 왜냐하면 최고의 시간에 최고의 열매를 거둘 것이기 때문이다." 아멘입니다.

시сим도 때때로 이 말씀을 묵상하곤 합니다. "for we will reap the harvest of blessings at the appropriate time." 원수의 불화살에는 하나님의 방패 말씀이 있음을 찬양합니다.

# 돋보기 기도

■ **야고보서 5장16절** ■

아주 간단한 구절입니다. 의인의 간구는 역사하는 힘이 많으니라. 기도와 간구는 서로 다른 것입니다. '배가 고파요'와 '배고파 죽어요'의 차이입니다. 야곱도 에서를 만나기 전 죽기 살기로 간구를 하였고, 한

나도 아이가 없어서 마음이 괴로워서 술 취한 듯 오래 간구하였습니다. 과부도 불의한 재판관에게 간청하였고 바디매오도 정말 보기를 원한다고 포기하지 않고 간청하였습니다. 간구는 1분 2분하는 것이 아닙니다. 그렇다고 20일을 금식하거나 10시간을 한 번에 기도하는 것이라고 하면 누가 몇 명이나 그렇게 하겠습니까?

성경에 나와 있지는 않지만 제 생각에는 그 최소단위가 20분이라고 생각합니다. 하나의 기도제목으로 20분 이상 타이머 맞춰놓고 간청하는 것입니다. 한 번으로 안 되면 한 번 더 20분 기도하십시오. 두 번으로 안 되면 20분 더 기도하십시오. 가족이나 교인이 중환자실에 있다면 수술 중에 있다면 1시간 이상 집중하여 돋보기 기도하십시오. 놀라운 결과에 놀라실 것입니다. 이렇게 기도할 때 많은 기적이 일어나는 것을 보았습니다.

돋보기로 초점을 맞추고 연기가 날 때까지 불이 날 때까지 움직이면 안 되듯, 한 기도제목에 집중하여 20분 단위로 계속 기도하면 놀라운 일들이 많이 생기는 것을 보게 되실 것입니다. 초점을 맞추고 연기가 나고 불이 날 때까지 엘리야처럼 기도하시면 하늘의 문이 열릴 것입니다. 의인의 간구는 엄청난 힘과 놀라운 결과물을 만들어 냅니다. 1시간 티비 시청도 쉽게 할 수 있다면 20분 1시간 기도 역시 하실 수 있을 것입니다.

**The earnest prayer of a righteous person has a great power and wonderful results.**

# 하나님의 이름을 경외하는 자에게

▪ 말라기 4장2절 ▪

사실 돋보기 기도는 사랑이라는 한 아이를 위하여 새벽기도에서 중보기도를 할 때 시작된 것입니다.

수요예배만 참석하던 가정의 한 아이가 작은 병원에서 큰 병원으로 옮기라는 진단을 받았습니다. 그 엄마가 저에게 문자를 보냈고, 다음날 새벽에 교인은 아니더라도 아이가 아프다는데 모른 척할 수는 없다는 생각이었습니다.

"하나님 병이 중한 것 같으니 20분 동안 이 아이만을 위해 기도하겠습니다. 아무래도 큰 병 같으니 1-2분 기도해서는 안 되겠지요. 그런데 사실 저도 너무나 몸이 아프니 같이 고쳐주세요. 저는 첨부파일입니다. 묶어서 기도합니다."

그 당시 아직 몸이 다 낫지 않은 상태에서 추운 파주에서 전도하고 다니니 새벽에 얼마나 많은 기침과 콧물을 흘렸는지 모릅니다. 사랑이를 위하여 나를 위하여 20분 정도 기도하는데 위로부터 구름 같은 것이 몸을 싹 훑고 내려갔습니다. "내 이름을 경외하는 너희에게 의로운 해가 떠올라 치료하는 광선을 발하리니" 말라기 4:2 말씀이 그 구름 속에 함께 있는 듯했습니다. 머리에서 발끝까지 스캔하듯 지나가며 나의 만성 몸살이 나아버렸습니다.

그때 이런 믿음이 오더군요. 내가 첨부파일인데 첨부파일이 접수되었다면 사랑이 메인 파일은 당연히 들어간 것이라는 믿음 말입니다. 다음날 수요예배에 그 아이는 유아실에서 뛰어놀았고, 그 젊은 부부는 한동안 충성된 일꾼이 되었고, 부유하지 않은 가정이었지만 교회 의자를 최신식으로 바꾸어 지금까지 새것처럼 잘 쓰고 있습니다.

**"내 이름을 경외하는 너희에게는 의로운 해가 떠올라서 치료하는 광선을 발하리니 너희가 나가서 외양간에서 나온 송아지 같이 뛰리라." 아멘.**

# 마음을 다하여 그리고 범사에 하나님을 인정하라

▪ 잠언 3장5절,6절 ▪

사실 어려서부터 잘 알고 외우고 있는 말씀입니다.

"마음을 다하여 여호와를 의뢰하고 네 명철을 의지하지 말라. 너는 범사에 그를 인정하라. 그리하면 네 길을 지도하시리라."

나는 거의 모든 중요한 일들에 특히 운동하기 전에는

반드시 이 말씀을 기반으로 하여 기도드리고 시작합니다. 때론 1-2분 평균 2-3분 진실하고 간절하게 기도합니다. 그리고 거의 대부분 이 말씀을 운동 중에 경험합니다. 하나님은 이 말씀으로 기도할 때 놀라운 운동 능력과 건강을 허락하시는 것을 느낍니다.

이 말씀의 의미는 마음을 다하여 하나님을 인정하라는 것입니다. 아무리 익숙한 일이라 할지라도 네가 잘한다고 생각 말고 하나님이 너의 코치가 되시고 너의 도움이 되시도록 기도로 인정하라는 것입니다. 크리스천 운동선수들이 왜 그렇게 기도하며 하나님을 인정하는지 조금은 알 것 같습니다. 간절히 기도할 때 주의 손으로 도우심을 경험하기에 그렇다고 생각합니다. 하나님은 지금도 각자의 삶에 살아계신 분이십니다. 하나님을 나의 공부, 운동, 악기, 사업, 직장 등등 모든 부분에 마음을 다하여 코치로 모신다면 놀라운 일들이 각 영역에 일어날 줄로 믿습니다.

> "너는 마음을 다하여 여호와를 의뢰하고 네 명철을 의지하지 말라 너는 범사에 그를 인정하라 그리하면 네 길을 지도하시리라"(잠 3:5-6)

# 예수님의 갈라쇼

▪ 마태복음 25장 ▪

 나는 가끔 말씀이 부족할 때면 "하나님 기도하고 성경을 읽을 때 레마와 같은 말씀을 주세요. 수박 겉핥기가 아닌 그 속을 먹게 해 주세요." 이렇게 기도합니다. 이날도 내 마음과 영혼의 양식인 하나님의 말씀이 부족하다 생각했습니다. 그래서 새벽에 나와 간절히 말씀을 구하고 성경을 읽었습니다.

 그날 큰 감동을 주신 말씀은 마태복음 25장의 주님의 마지막 재림설교였습니다. 26장부터 붙잡혀 가시는 예수님이 나오니 마지막 비유설교라 볼 수 있습니다. 천성에 들어가는 양의 무리와 불못에 들어가는 염소 무리에 대한 심판설교였습니다. 주님이 처음 오실 때는 가장 약한 아기의 모습으로 오셨지만 다시 오시는 예수님은 영광 중에 천사들을 대동하고 보좌에 앉으신답니다.

> "인자가 모든 천사와 더불어 영광에 둘러싸여서 올 때에 그는 자기의 영광의 보좌에 앉을 것이다. 그는 모든 민족을 그의 앞에 불러모아 목자가 양과 염소를 가르듯이 그들을 갈라서 양은 그의 오른쪽에 염소는 그의 왼쪽에 세울 것이다"
>
> (표준새번역)

마음에 그림이 그려졌습니다. 모든 사람들이 예수님의 심판의 보좌 앞에 모였을 때 양들이 오른쪽으로 모두 떠올라 주님의 오른편에 서게 되는 그림이 마음에 그려졌습니다. 갑자기 눈물이 왈칵 쏟아졌습니다. 아 신앙생활의 마지막이 그리고 신앙생활의 진정한 목표가 바로 이 주님의 갈라쇼 앞에서 주님의 오른편에 서는 것이구나, 주리고 목마른 자 나그네 헐벗은 자들 병든 자들 옥에 갇힌 자들을 돌아본 자들이 바로 주님을 돌아본 것이구나, 그렇게 한 자들은 창세 때부터 하나님께서 손수 준비한 나라를 차지하고 그렇지 못하고 지극히 작은 자들을 돌아보지 못한 자들은 영원한 불에 들어가는구나!

너무나 영혼을 강타한 말씀이었기에 허전했던 나의

마음에 이 말씀이 능력의 말씀이 되어 마음과 영혼을 가득 채웠습니다. 너무나 크게 은혜를 받고 교회에 가만히 있지 못하겠기에 교회에서 뛰쳐나와 마포에 있는 집사님 회사에까지 찾아가 이 말씀을 나누었습니다.

가끔 부흥회를 인도할 때면 돋보기 기도로 시작해 언제나 마태복음 25장으로 끝내곤 합니다. 그 이유는 목표가 없는 많은 축복과 기적이 무엇이 유익할까 해서입니다. 간간히 받는 여러 가지 기도 응답과 기적도 좋지만 역시 가장 큰 축복은 갈라쇼에서 주님의 오른편으로 이동하여 창세전부터 준비하신 천성에 입성하는 축복일 것입니다. 아멘.

## 너를 위하여 준비된 자리니 어서 가라

하와이 예수전도단 DTS 과정을 마치고 아웃리치를 나가기 전에 같이 간 아내가 임신을 하였습니다. 혼자 해외전도를 가려 했으나 규정상 부부로 온 사람은 함께 나가야 한다는 것이었습니다. 할 수 없이 한국에 다시 돌아와 수능영어강사를 하며 성대기독학생회 간사도 하며 인도하심을 구하고 있었습니다. 신혼살림이었고 우이동 3층 빌라에 살고 있었습니다.

그렇게 지내던 어느 날 대학 선배목사로부터 전화가 왔습니다. 주일학교 전도사 자리가 비었으니 와서 섬기라는 것이었습니다. 약간 건방지긴 했지만 기도하고 결정하겠다고 전화를 끊고 서재에 들어와 기도를 시작하였습니다. "이 자리가 제 자리 맞습니까? 하나님의 인도하심 맞나요?"

조금 후에 정말 큰 하나님의 음성이 마음과 영혼에 들려왔다. 사무엘이 이런 음성을 들었겠구나 생각됩니다. 세 번이나. "너를 위하여 준비된 자리니 어서 가라." 귀한 주의 음성이니 순종했습니다. 그 당시 하고 있던 수능강사 자리를 정리하고 불러준 귀한 교회에서 최고의 기도와 목회의 훈련을 받을 수 있었습니다. 나를 위하여 준비된 자리였고 깊은 기도와 사역의 맛을 알게 해 준 최고의 자리였음에 지금도 감사하고 있습니다.

# 포도나무와 가지

■ 요한복음 15장 ■

설교 사역을 처음 시작했을 때, 듣기만 하던 설교를 이제 교사들과 아이들 앞에서 하려니 매번 설교를 마친 후 참패를 당한 느낌이었습니다. 주일 설교 후 3일간 밥맛을 잃을 정도였습니다. 전도나 간증은 언제나 해 왔지만 설교는 또 다른 세계였습니다. 너무나 힘든 나머지 간절히 기도하게 되었습니다. "하나님, 하나님의 메시지를 주세요. 정말 필요합니다. 정말 필요합니다."

주일학교 아침 예배를 드리고 대예배를 드리던 중이었습니다. 다 함께 일어서서 찬양을 드리던 중이었는데 아주 생생하게 10가지 정도의 메시지가 주어졌습니다. 일어서서 찬양을 부르다 말고 바로 앉아서 노트에 주신 메시지들을 적어내려 갔습니다. 그 중 최고의 메시지가 포도나무와 가지 비유 말씀이었습니다. 즉 가지는 포도나무에서 나오는 능력 외에는 아무 능력이 없으므로 언제나 주님의 은혜를 흘러들어오게 해야 한다는 것이었습니다.

나의 처음 설교 사역을 열어준 최고의 말씀이며 지금도 날마다 몸과 마음에 새기고 기도할 수밖에 없게 하는 말씀입니다. 잊을 수 없는 하나님의 말씀입니다.

가지는 오직 나무로 산다, 나무는 오직 가지를 통해 열매를 맺는다, 가지 자체로는 아무 힘이 없다, 오직 기도의 통로를 열고 하늘 은혜가 가지를 통과되게 할 때 열매를 맺는 것이다!

> "나는 포도나무요 너희는 가지니 내가 저 안에 저가 내 안에 있으면 이 사람은 과실을 많이 맺나니 너희가 나를 떠나서는 아무 것도 할 수 없음이라"(요 15:5)

# 질그릇 속의 보배

▪ 고린도후서 4장 7절 ▪

 이 말씀 역시 포도나무와 가지 말씀을 받을 때 같이 받았던 말씀입니다. 이 말씀은 우리는 약하고 깨지기 쉬운 질그릇이란 것입니다. 보배는 예수님이시고 그리고 하늘로부터 부어진 하늘 능력입니다. 질그릇처럼 약하고 악한 우리 안에 강하고 선한 하늘 능력이 부어진다는 것입니다.

 즉 두 가지를 다 인정해야 합니다. 우리는 약하고 부족합니다. 그러므로 언제든지 쓰러지고 부서질 수 있습니다. 하나님이 다시 세워주시고 빚어주실 뿐입니다. 또 한 가지는 우리 속에 주시는 하나님의 능력은 하늘의 것입니다. 최상의 것이며 최고의 것입니다. 그러나 우리 자신의 것은 아닙니다. 위로부터 받아서 세상에 쓰는 것뿐이므로 자랑할 것은 없습니다. 자랑해야 한다면 그 능력을 주신 하나님을 자랑해야 한다는 것입니다. 뿐만 아니라 그 능력은 언제든지 떨어질 수 있고 부족할 수 있으므로 매일 날마다 구해야 한다는 것입니다. 차가 아무리 좋아도 기름 없인 달릴 수 없듯이 말입니다.

나는 질그릇이고 하나님의 능력은 보배입니다. 우린 날마다 그분의 능력이 필요한 질그릇 같은 존재입니다. 그리고 질그릇 속에 하늘의 보배가 기도를 통하여 담겨지게 됩니다. 하나님은 질그릇 속에 보배를 두시는 분이십니다.

> "우리가 이 보배를 질그릇에 가졌으니 이는 심히 큰 능력은 하나님께 있고 우리에게 있지 아니함을 알게 하려 함이라"(고후 4:7)

## 너의 평생에

▪ **여호수아 1장 5절** ▪

 전도사 사역을 하면서 나름 매주 참아야 하는 아주 불편한 인간관계가 있었습니다. 그래도 주의 종인데 하며 화를 계속 참다 보니 심장에 무리가 간 것 같습니다. 마치 맨홀 밑에서 폭발한 것을 맨홀 뚜껑이 막다가 깨지듯 나의 심장은 정상이 아니었습니다.

 그 외에도 그 해에 정신적으로 충격을 입을 일들이 몇 가지 더 겹쳤습니다. 협심증이었던 것 같습니다. 숨쉬기가 곤란하고 계속 숨을 몰아쉬었습니다. 1-2분을 뛰기 힘들었습니다. 혈액순환이 약하니 가을부터 얇은 내복을 입고 겨울에는 두꺼운 내복을 입었던 기억이 납니다. 지금은 전혀 그렇지 않습니다. 그리고 어릴 때부터 아주 건강한 체질이어서 체대를 갈까 할 정도였습니다.

 그러나 심장에 병을 얻으니 몸은 힘을 쓰지 못했습니다. 가끔 혈관이 얇아져 숨쉬기가 어려울 때면 어지러워 누워 있곤 했습니다. 남들은 30대로 돌아가면

날아다닌다고 하는데 저는 만약 그때 건강으로 돌아가라면 차라리 주님께 가는 것을 택할 것입니다. 치약 건강이었습니다. 마지막 조금 남은 치약을 겨우겨우 짜서 사용하듯 나는 주일과 수요일만 아주 작은 에너지를 모아 살아내는 그런 삶을 살고 있었습니다. 주일 설교 하고 나면 어지러워 누울 장소를 찾아다니는 신세였던 것입니다.

 담임목사님은 그런 나에게 당회장실에서 누워 쉬라고 말씀하실 정도였습니다. 몇 번 쉬다가 불편하고 미안해서 동네 목욕탕에 가서 비몽사몽 누워 있다가 나온 적도 있습니다. 그렇게 약한 건강으로 살고 있었던 바로 그때에 하나님은 꿈으로 마음의 감동으로 개척할 것을 명하고 계셨음을 감지하고 있었습니다.

 그러나 건강과 여건은 전혀 개척할 수 있는 상황이 아니었습니다. 그 당시 강남역 근처에 살았기에 저녁에 걸으며 말씀드렸습니다. "하나님 저는 이 작은 직분도 치약 건강으로 겨우겨우 해내고 있습니다. 신학교 다니며 뛰어본 적도 족구 한 번 축구 한 번 엠티 한 번 못 가본 저입니다. 이게 가능하다고 보십니까?"

그러나 기도는 해봐야겠다는 심정으로 그 당시 사랑의교회 기도골방에 들어가 개척의 부르심을 확인해 보기로 하였습니다. 성경을 펴놓고 기도하던 중 하나님의 메시지가 번개처럼 강력하게 마음과 영혼을 강타하였습니다. 바로 여호수아 1:5 말씀이었다.

**"너의 평생에 너를 능히 당할 자 없으리니 이는 내가 모세와 함께 있었던 것같이 너와 함께 있을 것임이라. 내가 너를 떠나지 않겠고 버리지 않으리라."**

아직도 매일 묵상하는 말씀입니다.

여호수아에게 모세는 기적이었습니다. 홍해를 가르고 아말렉을 기도로 무찌르고 광야에 만나와 메추라기를 내리게 하는... 사실 나에게도 모세 같은 목사님들이 계셨습니다. 어떻게 저런 능력을 저런 성품을 저런 기적을 누리며 사실까? 그런 모세 같은 목사님들은 동경의 대상 흠모의 대상이었습니다.

그런데 하나님은 그런 모세들도 똑같은 평범한 인간일 뿐, 그들이 기적의 사람들이 된 것은 하나님이 함께 하셨기 때문이라고 감동을 주셨습니다. 그러므로 나도 그러한 사람처럼 될 수 있다는 메시지였습니다. 말하자면 사람은 똑같고 평범한데 하나님이 함께 하는 것이 중요하다는 것이었습니다. 그리고 모세를 모세 되게 하신 하나님이 나에게도 그렇게 함께 하신다는 약속의 말씀이었으며 개척으로의 부르심의 말씀이었다. 그리고 수많은 사람들을 구원하진 못했지만 수많은 기적 속에서 지난 20년 이상을 생생하게 함께 하셨습니다.

너의 평생에 너를 능히 당할 자 없는 이유는 내가 모세와 함께 있었던 것같이 너와도 똑같이 함께 해줄 것이라는 약속은 지금도 계속되고 있습니다. 그 골방에서 통곡하며 수십 분을 울다가 "네 순종하겠습니다" 했고, 개척 준비에 나서게 된 것입니다. 하나님은 그 후 몇 년 안에 모든 병을 고치시고 강건한 몸으로 주님을 섬기도록 기적을 베푸셨습니다.

## 성령을 구한 말씀

▪ 누가복음 11장 13절 ▪

1994년 정도였던 것 같습니다. 그 당시 성대기독학생회 간사를 하고 있었고, 제일영광교회의 전도사도 함께 하고 있었습니다. 주의 일은 언제나 최선을 다했던 것 같습니다. 그런데 최선을 다하고 집에 오면 허전한 영혼의 상태를 느낄 때가 많았습니다.

그때쯤에 베니힌 목사님의 <성령님 안녕하세요>를 읽게 되었습니다. 베니힌과 하나님과의 친밀감에 완전 매료되었고, 나와는 너무 차이가 남을 느꼈습니다. "하나님 저도 성령을 구합니다. 저도 하나님과의 친밀감 속에 살기를 원합니다. 하나님의 일을 할 때는 충만함을 느끼지만 집에 돌아와서는 허전함을 많이 경험합니다."

13일간 벽에 기도제목을 붙여놓고 기도하였습니다. 벽에 붙여놓고 매일 일정시간 매달렸습니다. 하나님은 오래 참지 않으시는 분이십니다. 13일 정도 지나고 누가복음 11:13을 열어주셨습니다.

> "너희가 악할지라도 좋은 것을 자식에게 줄 줄 알거든 하물며 너희 천부께서 구하는 자에게 성령을 주시지 않겠느냐."

'구하는 자에게'를 특히 강조하시고 7-8개월을 그 말씀으로 묵상하고 기도하게 하셨습니다. 그리고 쉬지 말고 기도하라고 감동해서서, 길거리 다니면서도 운전하면서도 계속 그 말씀으로 구하고 다녔습니다. 정말 쉬지 않고 성령을 구하였던 기억입니다.

드디어 몇 개월 안에 하나님의 임재가 경험이 되고 친밀함이 경험되기 시작했습니다. 사실 그 당시에는 기름부음이란 단어가 잘 쓰이질 않았습니다. 영어로 anointing을 휴대폰 위에 쓰고 다녔습니다. 신세계가 열린 것이지요. 하나님의 임재는 강해졌고 하나님과의 친밀도 느껴졌습니다. 더 강하게 하나님의 일을 감당할 수 있었습니다. 하나님과의 친밀함이 삶의 만족이며 사역의 능력임을 다시 한 번 생각해봅니다.

## 귀히쓰는 그릇 - 악에서 떠나는 방법
▪ 디모데후서 2장20절,21절 /잠언16장 6절 ▪

"큰 집에는 금과 은의 그릇이 있을 뿐 아니요 나무와 질그릇도 있어 귀히 쓰는 것도 있고 천히 쓰는 것도 있나니 그러므로 누구든지 이런 것에서 자기를 깨끗하게 하면 귀히 쓰는 그릇이 되어 거룩하고 주인의 쓰심에 합당하며 모든 선한 일에 예비함이 되리라"(딤후 2:20-21)

하나님께 쓰임 받기를 위하여 기도하던 중 위 말씀을 받았습니다. 귀히 쓰는 그릇의 조건에 대한 말씀이었습니다. 하나님은 금그릇 은그릇 질그릇의 종류를 보시는 것이 아니라 깨끗한 그릇을 쓰신다는 말씀이었습니다.

이 말씀으로 10시간을 작정하여 기도하는 중이었습니다. 새벽기도에 설교 마치면 40분 정도를 기도할 수 있으니 이 말씀으로 집중하여 몇 주간 기도하고 있었습니다. 하나님은 행주와 걸레를 쓰시는 것이 아니라 손수건을 쓰신다고 설교도 하였습니다. 최고의 신사나 숙녀가 행주나 걸레를 손에 쥐고 땀을 닦지는 않는다는 것입니다. 쉽지 않은 아니 너무나 어려운 거룩의 길, 순결의 길, 깨끗함의 길은 기도와 성령과 하나님의 말씀 그리고 순종 없이는 불가능합니다.

그래서 10시간을 작정하여 기도했고, 그러던 중 한 새벽에 깨끗함을 추구하기 위하여 악을 떠나야 하는데 악을 떠나는 방법이 주의 음성처럼 들려왔습니다. 잠언 말씀이었습니다.

**잠언 16:6 "여호와를 경외함으로 인하여 악에서 떠나게 되느니라." 아멘.**

주의 친밀한 음성을 들으니 너무 공인 행복했습니다. 신의 한수를 가르치시며 사람이 떠날 수 없는 분노, 음란, 우울, 낙심, 하나님과의 관계를 방해하는 것을 떠나는 방법을 알려주신 것 같습니다. 여호와를 경외함으로 하나님을 의식함으로 요셉처럼 악에서 죄에서 떠나는 것이었습니다.

이 말씀을 수없이 반복하며 이 말씀의 능력이 나의

생각과 몸과 기도와 삶에 나타날 때까지 연습할 것입니다. 가장 힘들 때 최고의 에너지는 하나님의 입으로 나오는 레마 같은 말씀입니다.

 부드러운데 너무나 힘 있는 최고의 신의 한수였던 겸손하신 주의 음성이었습니다. "오 하나님 하나님을 경외하는 마음을 강하게 주소서."

# 네버 페이 백

▪ 로마서12장 17절 ▪

 한 주 동안 약 7회의 억울하고 분노할 일들이 있었습니다. 일일이 나열하기는 참 창피한 일이라 생략합니다. 분명 내가 잘못한 일이 아닌데 또는 적어도 같이 잘못한 일인데 믿는 자이기에 또 목사이기에 계속 참고 이해시키고 한 번 두 번 넘어가기는 합니다. 그런데 나중에 생각해 보면 마음의 상처와 심정적으로 억울함이 남습니다. 마음이 부글부글 끓습니다.

 굳이 한 예를 들자면 운전 중 함께 실수해도 대놓고 싸울 수 없지 않습니까? 참고 넘기긴 하는데 어이가 없고 화가 나서 마음의 분이 남습니다. 아 하나님 다 참고 살아가야 합니까? 그냥 세상적으로 저도 똑같이 해줄까요? 아니 더 악하게 해 줄까요?

 이렇게 어려운 마음으로 지내던 주간에 하나님께 분노에 대하여 여쭈어 보았습니다. 답은 이 말씀이었습니다.

*"아무에게도 악으로 악을 갚지 말고 모든 사람 앞에서 선한 일을 도모하라"(롬 12:17)*

*Never pay back evil with more evil. Do things in such a way that everyone can see you are honorable.*

영어성경은 더욱 은혜가 되었습니다. 절대 악을 더 큰 악으로 갚지 말라, 이런 식으로 살면 모든 사람이 네가 존경할 만한 사람이라는 것을 알게 될 것이다, 즉 전도의 문이 열릴 것이다! 이 말씀 역시 묵상하고 또 묵상하는 중입니다.

이 말씀을 주야로 묵상함으로 가정에서 교회에서 사회관계에서 "네가 한 대로 해줄 거야"라는 내 마음 깊숙이 있었던 어둠의 생각이 깨졌습니다. 그리고 깨져가고 있습니다. 이 말씀으로 마음의 평화가 오고 더 좋은 관계를 위한 귀한 초석이 되었습니다. 하나님의 말씀은 너무나 구체적이고 실재적임을 찬양드립니다.

# 너희에게 평화가 있으라

• 누가복음 24장 36절 •

15년을 함께 새벽기도 하던 권사님이 갑자기 아들 전도해야 한다며 큰 교회로 아들 데리고 나가신다는 전화를 사모가 받았습니다. 주일 아침이었습니다. 예배가 30분 남았지만 믿을 수 없는 마음을 가지고 여자 집사님을 잠시 호출하여 함께 권사님 댁에 찾아갔습니다. 그때 이미 옷을 다 입으시고 아들과 나가기 전이셨습니다. 아들 전도한다는 데 할 말이 없었습니다. 15년간 매일 새벽기도를 함께 하고 명절 때마다 챙기시던 분이 갑자기 교회를 떠나시니 힘이 풀리고 목회의 맛이 나시 한 번 떨어졌습니다.

회복을 위해 더 기도하고 더 운동하고 더 교제하고 더 노력해봤지만 10일간 회복이 되질 않았습니다. 아, 2020년 1월 말의 일입니다. 작정기도를 해야겠구나 하고 하루 30분씩 돋보기 기도를 작정하였습니다.

첫날 30분간 주님 마음을 회복시켜 달라고 열심히 기도하였습니다. 목회를 계속해야 하는 것 맞느냐 또다시 물으면서. 전달에 세 곳의 부흥집회를 하였고 너무나 귀한 열매들이 있어 들떠 있다가 다시 시멘트 바닥에 떨어진 느낌이었습니다. 추락하는데 날개가 없더군요.

그날은 마침 기성부흥사회 모임이 수원에서 있는 날이었습니다. 가고 싶은 마음도 별로 없었습니다. 그러나 참석하여 조금이라도 회복해야지 하는 마음 반 그리고 지인들이 보고 싶은 마음 반으로 외곽순환도로를 타고 한 교회로 가고 있었습니다. 코로나가 터지기 바로 전입니다. 이 도로는 언제나 한 번쯤은 막히는 곳이 있습니다. 이제 사순절이 얼마 남지 않았기에 주님의 십자가 찬양을 들으면서 묵상하며 가는 중이었습니다.

갑자기 그런 생각이 들었습니다. 주님의 십자가에서 제자들은 다 도망하였다는. 마태복음 16:56, "이에 제자들이 다 예수를 버리고 도망하니라." 3년 6개월간 하루 종일 같이 밥 먹고 같이 자고 같이 사역하고 같이 교제하고 같이 울고 같이 웃던 예수님의 제자가 한 명도 빠짐없이 다 도망하였는데, 네 교인이 떠나는 것은 오히려 당연한 일 아니냐는 생각이었습니다.

그리고 예수님의 마음을 생각해 보았습니다. 다 알고 계시긴 하셨지만 마음의 아픔은 있으셨으리라 봅니다. 완전한 하나님 완전한 인간이셨기에 말입니다. 그러니 부활하신 예수님의 제자들과의 만남에서의 첫 말씀은 "야 너희가 어떻게 나한테 그럴 수 있냐? 한 대씩 맞고 시작하자! 엎드려!"가 더 정상적일 것입니다. 그러나 주님의 첫 말씀은 누가복음 24:36, "너희에게 평강이 있을지어다"였습니다. 그리고 손발을 만져보라며 친밀감을 표시하셨습니다.

더욱이 먹을 것을 요청하시고 그 앞에서 잡수셨다는 것은 마음에 어떠한 불편함도 없으셨다는 것이었습니다. 그리고 성경공부도 같이 하시고 제자들을 증인으로 위임하시고 성령 약속도 주시고 끝까지 축복하시며 승천하셨습니다. 크게 배신감을 느낀 사람에게 다시 나타나 "너희에게 평강이 있길 바란다"라고 말할 수 있기를 원하시는 주님의 음성이었습니다.

# 내가 너희를 사랑한 것 같이

**(5개월의 진통 후에 주신 하나님의 항체 말씀)**

▪ 요한복음 13장 34절 ▪

 몸의 아프지 않은 곳을 눌러보면 아무렇지도 않습니다. 크게 다치고 아직 낫지 않은 부분을 만져보십시오. 엄청난 고통을 느낄 것입니다. 그 부분을 누가 지나가다 툭 쳐도 악 하고 반응이 나올 것입니다. 마음도 똑같습니다. 아직 낫지 않은, 고통 받고 있는 마음의 특정 부분을 지나가다가 의도하지 않고 건드려도 악 소리가 나옵니다. 분노로 나올 수도 있고, 우울과 낙심으로 나올 수도 있습니다. 그러므로 하나님 앞에서 고쳐져야 합니다.

 한 달에 울산, 대전, 천안에서 세 번의 부흥회를 하며 다음 달에도 한 신학교 안에 있는 교회에서 1일 부흥회가 예약되어 있었습니다. 이렇게 하나님께 쓰임 받는 것이 참 감사하고 기뻤습니다. 그러던 중 코로나가 퍼졌고 다시 한 번 상처받는 일이 생겼습니다. 한 번 언급을 했지만 15년을 함께 새벽기도 하던 권사님이 아들을 전도한다고 주변의 큰 교회로 가신다는 것이었습니다. 이미 많이 겪어온 일이라 잘 이겨낼 줄 알았습니다. 그러나 마음의 고통은 5개월이나 갔습니다.

사람을 만나거나 새로 관계를 맺는 일이 거의 불가능했습니다. 일주일에 2번 이상은 점심을 사주며 사람을 사귀고 전도도 했던 저였습니다. 그러나 이런 일들이 겹치자 사람 보는 것이 싫었습니다. 마스크 하고 다니는 것이 오히려 편했습니다. 운동하러 간 곳에서는 안경을 벗고 운동하였습니다. 사람 보는 것 만나는 것이 극도로 싫어졌습니다. 건드리면 터질 것 같은 마음의 상처가 마치 묻어놓은 지뢰처럼 불안하고 위험한 날들을 보냈습니다.

그러던 중 하나님께 기도하였습니다. "하나님 이 병균을 이겨낼 항체 말씀을 주세요. 항원이 있으면 항체가 필요합니다. 하나님의 말씀은 나를 살려오셨습니다. 말씀을 보내서 나를 고쳐주세요!"

절실한 마음으로 기도하며 기다리고 있었습니다. 주님의 응답은 수십 년 전부터 알고 있던 요한복음 13:34 말씀이었습니다.

**"내가 너희를 사랑한 것 같이 너희도 서로 사랑하라."**

주님은 제자들의 배신을 다 알고 계시면서 사랑하셨습니다. 그리고 끝까지 사랑하셨습니다. 가룟 유다까지 발을 씻기셨습니다. 곧 배신할 베드로의 발도 깨끗이 씻으셨습니다. 깊은 치유가 시작되었습니다.

"아 알고도 사람을 사랑하는 것이구나. 배신할 것을 알고도 사랑하고 이용할 것을 알고도 사랑하고 나를 버릴 것을 알고도 그 사람의 단점을 알고도 사랑하는 것이구나. 이것이 예수님 스타일의 사랑이구나."

그 사람의 단점과 약점과 악함과 약함을 다 알고도 사랑하신 것을 깨달았을 때, 이 말씀이 나의 상처 난 마음을 고쳤습니다. 말씀의 약이 들어와 성령의 검이 되었고 나의 몸에 암 덩어리 같은 배신감과 상처와 낙심을 치료하였습니다.

하나님의 말씀은 사람을 살립니다. 사람의 말은 위로하지만 하나님의 말씀은 치료하고 해결합니다. 하루에 자살하는 사람이 평균 40명이라 합니다. 마음으로 이미 살기를 포기한 사람은 얼마나 많을까요? 사람을 살리는 하나님의 말씀이 모두에게 전해지길 간절히 소망해봅니다.

# 돋보기기도

발　행 :　(1쇄) 2020년 11월 11일
　　　　　(2쇄) 2022년 3월 6일
저　자 :　정석우(다니엘 정)
발행인 :　강부형
편집인 :　박재수 (도서출판책과사람)
주　소 :　서울시 송파구 송파대로8길 20,
　　　　　1007동 202호　tel. 02)2678-5554
이메일 :　bookpeople2018@gmail.com
등　록 :　제2018-000100 (2018.8.23)
가　격 :　12,000원

ⓒ 정석우  2020

본 책은 저작자의 지적 재산으로서 무단 전재와 복제를 금합니다.

삽화디자인 : 이수정 su9703@naver.com
표지디자인 : 박혜원

ISBN 979-11-965383-6-1